I0076494

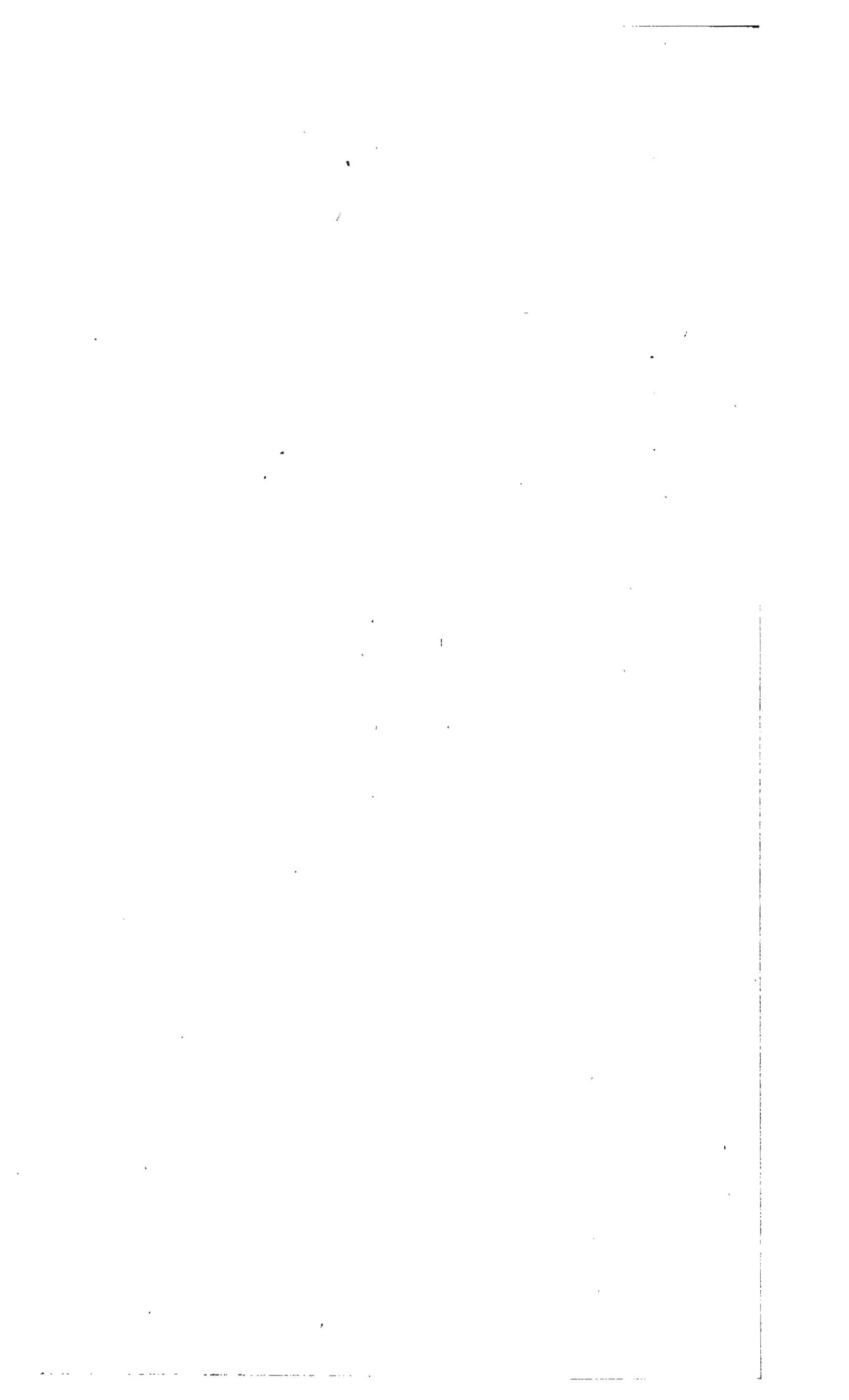

PROCÈS

DU

PATRIOTE DU PUY-DE-DOME

DEVANT LA COUR D'ASSISES DE RIOM.

19 Mai 1834.

(MORT DE DULONG.)

« Et moi je demanderai pourquoi, au lieu
» d'enfouir, s'il était possible, toutes ces hi-
» deuses circonstances, pourquoi on m'a fait
» un devoir de venir les grouper ici pour leur
» prêter l'éclat de ces débats. »

(*Defense du prévenu.*)

BIBLIOTHEQUE ROYALE

CLERMONT-FERRAND,

IMPRIMERIE D'AUGUSTE VEYSSET, LIBRAIRE,

RUE DE LA TREILLE, N. 14.

1834.

4816

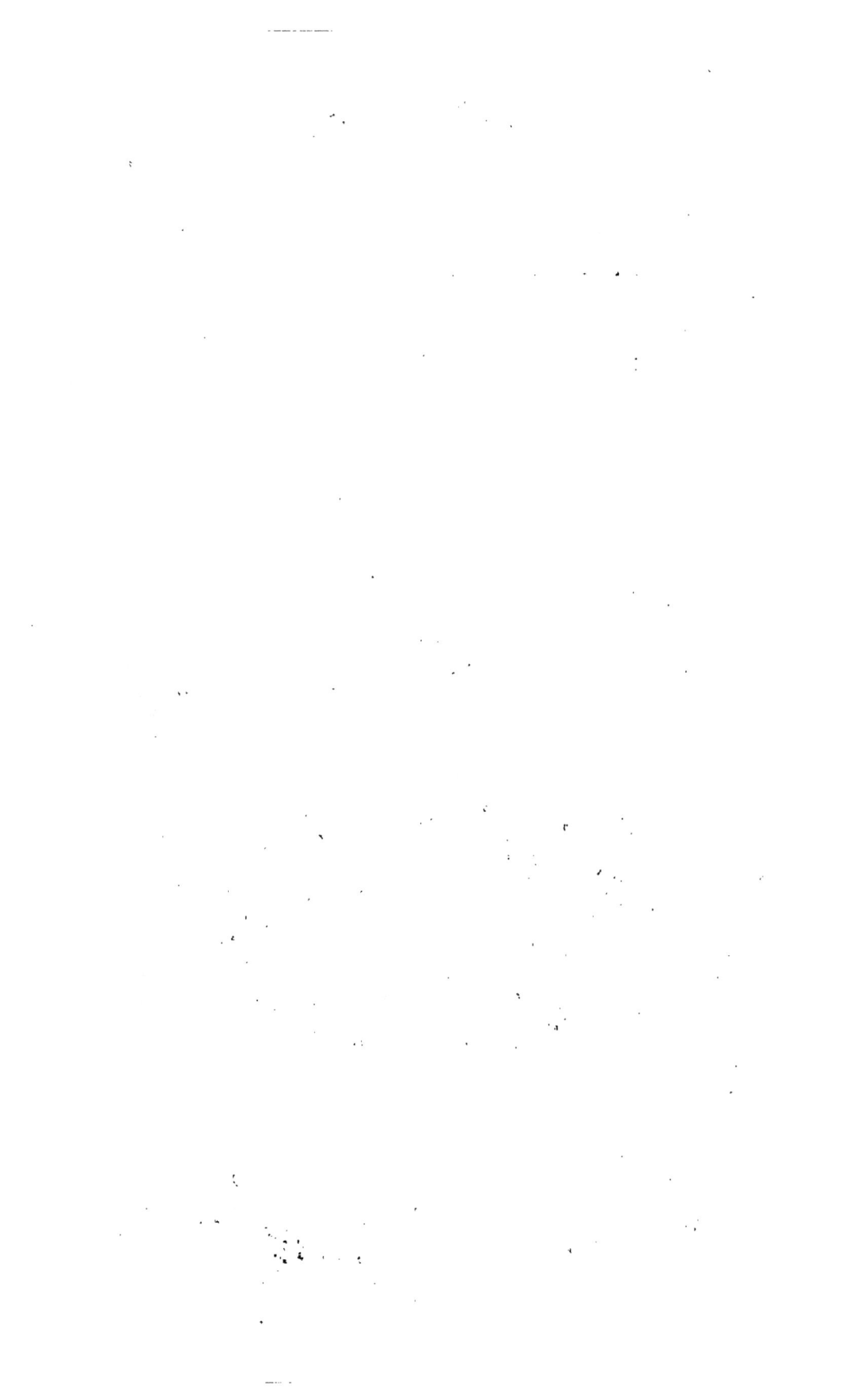

PROCÈS

DU

PATRIOTE DU PUY-DE-DOME,
COUR D'ASSISES DE RIOM.

Audience du 19 mai.

PRÉSIDENCE DE M. MOLIN.

—————⟫※⟨—————

Le siége du ministère public est occupé par M. Tail-
hand, procureur-général, assisté de M. l'avocat-général
Jallon.

Dès huit heures, tous les abords de la cour d'assises sont
remplis par une foule immense qui se précipite dans la salle
dès qu'elle est ouverte. — On remarque parmi les auditeurs
M. le premier président et pair de France Grenier, presque
toute la magistrature de la Cour royale et un grand nombre
de dames.

L'audience est ouverte à neuf heures et demie.

Après le tirage du jury et le bref interrogatoire du prévenu, ce dernier se déclare l'auteur des deux articles incriminés, annonce l'intention de se défendre lui-même, et re-
nonce à l'offre que lui fait M. le président de lui nommer un
avocat d'office ; M. le procureur-général prend la parole.

Après l'exposé rapide des circonstances qui ont provoqué
l'article incriminé, ce magistrat déplore les fureurs du duel,
et regrette que l'auteur de l'article ne se soit pas appliqué à
flétrir cette coutume barbare, au lieu de chercher, comme
il l'a fait, à irriter les passions populaires.

Il prie ensuite M. l'avocat-général Jallon de donner lecture
de l'article incriminé dans lequel se trouvent les passages
suivans :

« Un des jeunes députés les plus consciencieux vient d'être
» tué en duel par le geolier de Blaye, par celui qui calom-
» niait, il y a huit jours, la gloire de nos armées républi-
» caines. — Le général Bugeaud a tué, le 29 janvier, M.
» Dulong, le parent et l'ami intime de Dupont de l'Eure. —
» D'après toutes les circonstances rapportées, c'est la cour
» qui a provoqué ce duel, c'est une main invisible qui a ra-

» nimé et envenimé une contestation deux fois éteinte. La
» détestable pensée qui étreint la France au cœur depuis près
» de quatre ans, s'exerce sans relâche à toutes les combinai-
» sons d'ignominie, à tous les genres de crime.

. . . .

» Il est aisé de reconnaître dans tout le cours de cette af-
» faire la main qui tient tous les fils de notre triste politique,
» la pensée qui prend à tâche de ne rester étrangère à aucune
» de nos calamités, et dont la moralité a pu être appréciée
» depuis long-temps.

» Cette époque est celle de la souveraineté de la raison ,
» de l'épuration et de l'adoucissement des mœurs. Partout on
» n'entend émettre que des idées consolantes, que des vœux
» de fraternité et de concorde, joui partout, hors un seul
» lieu d'où nous sont venues sans relâche, depuis 1830 ,
» d'exécrables paroles de haine et de vengeance qui n'inspi-
» rent que dégoût et mépris à toutes les âmes généreuses.

» A côté des conceptions toutes pacifiques du plus avancé
» des peuples libres se montre la royauté du 9 août toujours
» furieuse, toujours entourée de provocateurs ; hérissée de
» glaives et conviant les citoyens à s'égorger entr'eux. —
» Rappelez-vous ses paroles, alors que le canon de St.-Méry
» se faisait entendre ; rappelez-vous ses bandes d'assom-
» meurs et son état de siége.

» *Divise pour régner*, voilà son cri de ralliement. Elle s'est
» constamment attachée à substituer la violence et le duel
» aux lumières de la raison publique , la force brutale à
» l'action de la pensée : un de ses dévoués-députés n'a pas
» craint de dire un jour « que la légalité tuait; un de ses
» ministres, qu'il fallait au gouvernement des hommes d'ac-
» tion prompte et instantanée. » — Des pensées infâmes ont
» été exprimées depuis trois ans: l'histoire les conserve
» toutes,

» Notre raison et nos mœurs avaient fait justice du duel :
» jamais il n'a été plus fréquent que sous le règne de Louis-
» Philippe. Aucun duel parlementaire n'avait encore été
» suivi de mort ; M. Dulong vient d'être tué par M. Bu-
» geaud qui n'a écouté en cette circonstance que les ins-
» tructions de l'aide-de-camp du roi.

» Mais cet aide-de-camp, quel est-il ? C'est le chef de la
» police secrète du château, le même qui, dès décembre
» 1830, à l'époque du procès des ministres, chercha à faire
» croire à l'existence d'un complot dans le sein de l'artille-
» rie parisienne, et à y mettre les canonniers en insurrection
» les uns contre les autres. La preuve en a été fournie au
» grand jour de la cour d'assises.

» Opprobre aux provocateurs directs ou indirects du com-
» bat sanglant qui vient d'attrister la France ! Opprobre
» aussi au *Journal des Débats* et au *Journal de Paris* qui

» se sont acquittés ; en cette circonstance, d'un infâme
» métier ! Après l'événement funeste qu'elle avait provoqué,
» la dernière de ces feuilles en a fait le récit en six lignes.
» Aussi bien, que pouvait en dire M. Léon Pillet, le ci-
» devant révolutionnaire, aujourd'hui l'un des familiers des
» antichambres du château ?

» Ce n'est pas chose frivole que de se parjurer en face
» d'une révolution dans laquelle on a trempé : il faut se fa-
» miliariser tantôt avec la honte, tantôt avec le sang, car
» les maîtres qu'on se donne sont exigeans, et, une fois
« à eux, il faut bien les suivre partout où ils vous entraî-
» nent. Alors on ne dort pas toujours d'un sommeil tran-
« quille, alors tout n'est pas joie même au milieu des fêtes...
» Que voulez-vous, c'est là que se retrouve l'inflexible jus-
» tice ; c'est là que la probité prend sa revanche. N'est-il pas
» vrai, M. Léon Pillet, vous dont la jeune conscience n'est
» peut-être pas aussi exercée que celle de M. Bertin-Devaux,
» ou des vieux familiers du château ; n'est-il pas vrai qu'on
» y est quelquefois mal à l'aise, et que le nom de M. Dulong
» vous fera désormais froid au cœur, et viendra retentir à
» vos oreilles dans le silence des nuits ?

» La mort de M. Dulong a fait renvoyer le bal qui devait
» avoir lieu chez le président de la chambre, mais on a
» dansé chez le roi.

» O roi Philippe, si la révolution une fois accomplie, les
» nations affranchies et la république européenne solidement
» fondée, la France vous laisse l'existence et la liberté, elle
» aura donné au monde un grand et noble exemple de force
» et de magnanimité, car ses souffrances sont grandes, et il
» lui faudra une admirable vertu pour en dominer le sou-
» venir ! »

On nous parle, reprend M. le procureur-général, on nous
parle des crimes de la royauté ; mais ces crimes, on ne nous
les dit pas ; ces crimes, quels sont-ils ? On éprouverait grand
embarras, sans doute, à nous énumérer les crimes d'une
royauté qui prend sa source dans le vœu du peuple. La
royauté constitutionnelle, c'est vraiment la nation sur le
trône.

Puisqu'on nous reproche les victimes qu'elle a faites,
qu'on nous les montre donc, qu'on les compte, au lieu d'en
préparer de nouvelles en provoquant le retour des révolutions.

On ne se borne pas, continue l'orateur, à parler de l'établissement d'une république en France, comme si le passé
n'avait pas suffisamment fait justice de cette forme de gouvernement, on nous prédit une république européenne ! —
N'est ce pas là le vœu ou plutôt le rêve d'une imagination
malade ? — Comment veut-on établir une république universelle, avec toutes les nuances et toutes les oppositions

locales qui distinguent les besoins et les mœurs de chaque nation?

Après d'assez longs développemens de ce point de vue de la question, M. le procureur-général reproche aux républicains d'inquiéter la propriété, et de menacer la société d'une dissolution prochaine. En cette situation, il en appelle aux pères de famille, aux propriétaires, aux commerçans, à tous ceux qui font la force et la prospérité de l'état par leur travail et par leur intelligence; il en appelle au jury qui doit juger tout un parti dans cette affaire, et dont le jugement exercera une action publique dans notre pays.

M. Trélat prend la parole.

Messieurs les jurés,

Je dois vous expliquer pourquoi je me présente seul devant vous. Ma confiance est depuis long-temps placée en M. Dupont. Celle qu'on accorde à un défenseur est aussi sacrée que celle qu'on donne à un médecin. Mais le courage qu'a montré M. Dupont dans la défense des accusés du procès des 27, tous acquittés, a été puni par trois juges, d'une suspension d'un an.—J'ai demandé que M. Dupont vînt me défendre, non comme avocat, mais comme ami, sans ses insignes, sans sa robe, et comme simple citoyen. Il y consentait par amitié pour moi. On me l'a refusé.

Mais qu'est-ce donc qu'un avocat suspendu? C'est donc moins qu'un homme, puisque tout homme peut défendre son ami en matière criminelle. Moi qui ne suis pas avocat, j'ai défendu Roche devant la cour d'assises de l'Allier. N'est-ce donc pas assez que de ruiner un citoyen en l'empêchant de plaider comme avocat, en lui ôtant sa clientelle, ses causes civiles, les seules qui lui produisent de l'argent? Faut-il encore lui ravir les droits et les devoirs d'une généreuse amitié; faut-il donc le rejeter du sein de la société; que ne lui refuse-t-on l'eau et le feu?

Messieurs, le devoir des hommes voués à la cause du progrès est de protester contre toutes les violences. En cette circonstance le mien était de protester contre cette violence. C'est ce que je fais en venant ici sans défenseur: j'ai voulu vous montrer quelle est notre liberté, quelles sont les garanties qui restent aux citoyens en présence des immenses ressources du pouvoir, puisqu'ils ne peuvent avoir un défenseur de leur choix dans un temps où on dit qu'ils ont un roi de leur choix.

Messieurs les jurés,

Votre position et la mienne sont saintes; car nous sentons, vous sur votre banc, moi sur le mien, toute l'etendue des devoirs que nous avons à remplir.

Il n'est qu'une situation où il soit bien de la part de l'homme de se soumettre à l'homme, c'est celle où il comparaît devant ses juges.

Vous êtes mes juges, messieurs; plus tard je serai peut-être le vôtre.—Aujourd'hui, moi devant vous; demain, vous devant moi, c'est là le jury que nous devons au courage de nos pères.

Grâces leur soient rendues ! Le jury, c'est l'immatriculation dans nos lois, de l'égalité sainte pour laquelle ils ont généreusement versé leur sang.

Quatre fois j'ai comparu devant mes concitoyens, et quatre fois je me suis senti plein de reconnaissance et de religion pour la grande génération qui nous a valu le jury. Aujourd'hui comme le premier jour ce lieu est sacré pour moi ; aujourd'hui comme le premier jour je sens mes genoux fléchir devant la majesté de votre tribunal, sur lequel se retracent à mes yeux les luttes glorieuses d'où il est sorti.

Heureux les accusés qui peuvent honorer les juges devant lesquels ils doivent paraître ! Eh bien ! moi j'honore en vous l'institution qui vous envoie ici.

Qui que vous soyez, quelles qu'aient pu être vos pensées d'hier, peu m'importe : il est des jours où l'homme dépouille son linceul terrestre ; il est des jours où il vaut mieux que lui-même. Aujourd'hui vous êtes jurés, aujourd'hui vous valez mieux qu'hier ; car il n'est pas possible que vous ne vous inspiriez point de tous les sentimens qu'éveillent en vous votre origine, la puissance dont vous êtes en ce moment revêtus, et les conséquences de l'usage que vous allez en faire.

Qu'on se garde bien de prendre ce langage pour celui de la caresse : les républicains ne la connaissent pas, mais ils sont plus religieux qu'on ne le pense ; et s'ils attaquent violemment ce qu'ils croient digne de haine et de mépris, ils entourent de leurs respects tout ce qui doit hâter la propagation de leurs principes régénérateurs.

Ils ne brûlent pas les autels des faux dieux pour le stérile plaisir d'en jeter la cendre au vent, mais bien pour fonder le vrai culte et pour réveiller la foi.

Le jury est une des institutions sur lesquelles ils veillent comme sur le feu sacré. Puisse-t-il, loin de céder aux atteintes qui le menacent, grandir et se développer assez chez nous pour que son appui ne manque contre aucun genre d'injustice ! Puisse bientôt sa puissante intervention protéger le citoyen dans son honneur aussi bien que dans sa liberté, et se substituer toujours à cette horrible loi du glaive dont je vais être forcé de faire passer sous vos yeux un feuillet tout fumant encore du sang de Dulong !

Messieurs, je suis devant vous pour avoir pleuré avec toute la France sur la tombe du martyr Dulong. Je n'ai pas su arranger ma douleur : elle s'est échappée de mon âme comme je l'ai sentie, comme l'ont sentie tous les hommes qui ont un cœur et une âme.

(PREMIER ARTICLE INCRIMINÉ.)

Je n'ai fait que raconter. M. l'avocat-général vous a lu ce que j'ai dit beaucoup mieux que je ne pourrais le faire et avec plus d'éloquence que je ne pourrais en mettre dans cette lecture... (On rit.)

Eh bien ! messieurs, qu'ai-je donc exprimé qui ne soit parti de tous les points de la France à la nouvelle de ce sanglant sacrifice ?

Ma première phrase incriminée est celle-ci : *D'après toutes les circonstances rapportées , c'est la cour qui a provoqué ce duel , c'est une main invisible qui a ranimé et envenimé une contestation deux fois éteinte.*

Messieurs, ce que j'ai dit là, les journaux de nuances bien diverses l'ont publié, la voix publique l'a répété partout. Etait-ce donc sans raison ? Voyons un peu.

M. de Rumigny est l'aide-de-camp du roi, l'un de ses amis les plus intimes, et c'est lui qui prend soin de répéter à M. Bugeaud des expressions que ce dernier n'avait pas entendues; c'est lui qui leur donne de la publicité; c'est lui qui s'oppose à toute conclusion pacifique; il intervient comme instigateur, comme témoin dans cette malheureuse affaire; et des circonstances qui n'étaient connues que des témoins se trouvent révélées. La querelle est éteinte par une lettre qui devait paraître le 28 janvier dans le *Journal des Débats*, et une feuille que tout le monde sait être sous la dépendance directe du château, publie, le 27 au soir, un bulletin insultant pour M. Dulong, et qui rend impossible l'insertion de la lettre projetée. Enfin, le 29 au matin, les témoins, autres que M. de Rumigny, terminent encore le débat quand l'aide-de-camp du roi survient et rompt tout arrangement.

Ce n'est pas tout, au moment de recevoir la mort, Dulong redemande la lettre qu'il avait écrite à M. Bugeaud : M. de Rumigny dit qu'il l'a laissée au château; puis, dans la journée, quand on la lui réclame, il répond qu'il l'a brûlée sous les yeux du roi.

Il est vrai que depuis il a nié cette réponse ; mais à sa dénégation nous opposons la parole de MM. César Bacot et George Lafayette, témoins de M. Dulong. Pesez, messieurs, ces témoignages, et convenez qu'il y avait bien là de quoi motiver toutes les explications auxquelles s'est livrée la conscience publique.

« Il doit paraître bien étrange, dit le journal *le Bon Sens*, que
» la lettre de M. Dulong ait passé des bureaux du *Journal des*
» *Débats* entre les mains du roi qui l'a brûlée. Comment expli-
» quer l'intervention du roi dans cette affaire? Mieux avisé au-
» jourd'hui, M. de Rumigny prétend que le roi y a été complé-
» tement étranger; mais il a beau se débattre contre la vérité,
» il ne donnera le change à personne. -- En résumé, M. de Ru-
» migny a dit à M. Bugeaud: *La lettre, le duel ou votre démis-*
» *sion : choisissez !* --M. de Rumigny, après avoir été l'instiga-
» teur de la querelle, le provocateur du duel, en a été le témoin.
» -- M. de Rumigny, au lieu de rendre la lettre de M. Dulong,
» ainsi qu'il s'y était obligé envers MM. Bacot et George Lafayette,
» a prétendu avoir promis à M. Dulong de la brûler, et cette as-
» sertion n'a été hasardée que lorsque M. Dulong était dans l'im-
» possibilité de la démentir. -- M. de Rumigny a brûlé la lettre
» au château, en présence du roi, et cependant c'est pour re-
» tirer sa lettre que M. Dulong s'est mis à la disposition de M.
» Bugeaud; c'est pour ne pas la laisser entre les mains d'hom-
» mes qui en avaient déjà dénaturé le motif que M. Dulong s'est
» fait tuer !
» Il ne reste donc plus qu'à savoir si c'est M. de Rumigny qui
» a remis la note du *Bulletin du Soir*, note qui a obligé M. Du-

» long à retirer une lettre qu'il avait écrite sous l'inspiration de
» deux hommes d'honneur : MM. Desaix et Bachelu, ses pre-
» miers témoins, et que le *Bulletin du Soir* disait avoir été *exi-*
» *gée* par le général Bugeaud.

» Quoiqu'il en soit, et M. de Rumigny fùt-il étranger à l'in-
» sertion du *Bulletin*, ce qui paraît peu probable, on n'en doit
» pas moins reconnaître qu'il a joué dans cette affaire un rôle
» très-compliqué, et ce rôle lui convenait d'autant moins qu'il
» est l'aide-de-camp du roi, l'ami de la maison. »

« Si vous avez pris pour vous, écrivait M. Carrel à M. de Ru-
« migny, une partie des insinuations qui tendent, dites-vous,
» à faire une affaire d'état d'une querelle purement personnelle,
» vous ne vous êtes pas trompé. La voix publique vous impute,
» en effet, dans cette lutte malheureuse, un rôle dont l'activité
» s'explique beaucoup moins par votre amitié pour le général
» Bugeaud que par la position dévouée et dépendante que
» vous occupez près de ceux dont le général Bugeaud n'a fait
» qu'exécuter les ordres dans sa mission de Blaye.

» On a dit, Monsieur, que le général Bugeaud n'avait pas en-
» tendu aussi distinctement que vous l'apostrophe prêtée par le
» *Journal des Débats* à M. Dulong ; on a dit que l'explication ver-
» bale que le général Bugeaud avait sur le champ obtenue de M.
» Dulong ne vous avait pas paru aussi satisfaisante qu'à lui, et
» que votre indignation après s'être promenée de banc en banc
» pendant une partie de la séance, ne s'était apaisée que sur la
» certitude acquise par vous qu'une des feuilles du château re-
» produirait le lendemain l'apostrophe de M. Dulong telle que
» vous prétendiez l'avoir entendue.

» Je réponds et je soutiens qu'on a pu appeler la malheureuse
» querelle de M. Dulong une affaire non pas d'état mais de châ-
» teau, en vous voyant, Monsieur, devenir le témoin du général
» Bugeaud dans les explications qui naissaient, non plus de l'a-
» postrophe de M. Dulong puisqu'elle avait été expliquée, séance
» tenante, à la satisfaction apparente du général Bugeaud, mais
» de la publicité donnée, véridiquement ou non, à cette apos-
» trophe par un journal du château. »

Vous savez, Messieurs, que cette lettre de M. Carrel que je
voudrais citer tout entière, est restée sans réponse.
Mais voici d'autres détails que je trouve dans un journal du
département même de M. Dulong, le *Patriote de l'Eure*, et qui
lui ont été transmis par la famille de la victime :

« Le samedi soir, après la séance, Dulong et M. Bugeaud
» eurent une explication à la chambre-même, devant 12 ou
» 15 députés. Cette explication fut modérée ; on se tint de
» part et d'autre pour satisfaits ; mais M. de Rumigny alla
» faire son rapport à *on ne sait qui*, et on ne fut pas peu
» surpris de voir dans le *Journal des Débats* du dimanche
» des expressions que Dulong n'avait pas proférées. On sup-
» pose que ces expressions furent ajoutées à dessein et par
» *ordre*. On a bien réussi, car ces mots et la note envoyée

» au *Journal de Paris*, firent rompre le premier arrange-
» ment.

» Le lundi et le mardi on négocia. Le mardi, M. Bugeaud
» eut un long entretien avec M. Carrel, au bureau du *Natio-*
» *nal*, à la suite duquel on accepta une note rédigée par
» celui-ci, qui devait paraître le lendemain dans le jour-
» nal, et satisfaisait complétement les deux adversaires.
» Mais M. de Rumigny en eut connaissance, et insinua aus-
» sitôt à M. Bugeaud qu'il fallait se battre ou renoncer à l'é-
» paulette. La rencontre fut donc arrêtée et fixée au mercredi
» matin, à neuf heures.

» Enfin le mercredi à 8 heures et demie, M. Bugeaud était
» chez Dulong avec M. Carrel et le colonel Lamy, attendant
» M. de Rumigny, second témoin de M. Bugeaud. Dulong
» était dans sa chambre avec ses deux témoins; les autres
» dans une pièce à côté. M. Carrel parlementait toujours,
» car il s'est donné beaucoup de mal pour apaiser cette af-
» faire. M. Bugeaud dit : *M. Carrel, le général de Rumigny*
» *n'arrive pas. Eh bien! soyez mon second témoin, ou bien*
» *passez du côté de M. Dulong, et que l'un de ses témoins*
» *devienne le mien. En un mot, nous voilà quatre; mettez-*
» *vous deux d'un côté et deux de l'autre. Faites comme vous*
» *l'entendrez. Je m'en rapporte à vous tous ; je m'en rap-*
» *porterai même volontiers aux témoins de M. Dulong.*
» Certes, on ne pouvait pas montrer d'intentions plus paci-
» fiques. On allait procéder d'après ces nouveaux erremens,
» lorsque M. de Rumigny arriva du château. Alors tout fut
» rompu, et on se rendit sur le terrain. Vous savez le reste.

« A ces détails, nous ajouterons que M. Bugeaud passait
» pour un des premiers tireurs de l'armée, et que M. de
» Rumigny, qui s'est dit son plus ancien camarade de camp,
» ne pouvait ignorer cette circonstance.

» Que l'on juge à présent la conduite de M. de Rumigny,
» encore aujourd'hui aide-camp de Louis-Philippe. »

La phrase suivante est également incriminée : « La détestable
» pensée qui étreint la France au cœur depuis près de quatre
» ans s'exerce sans relâche à toutes les combinaisons d'ignomi-
» nie, à tous les genres de crime. »

Et plus loin :

« Il est aisé de reconnaître dans tout le cours de cette affaire
» la main qui tient tous les fils de notre triste politique, la pensée
» qui prend à tâche de ne rester étrangère à aucune de nos calami-
» tés, et dont la moralité a pu être appréciée depuis long-temps. »

Messieurs, ces tristes réflexions ne sont encore que la consé-
quence de ce qui se passe autour de nous. Ce spectacle est hideux,
mais pourquoi me reprocher sa laideur, à moi qui ne fais que lui
opposer un miroir. — Qui donc nous avait promis la liberté?
Qui l'enchaîne aujourd'hui? Qui nous avait juré qu'il n'y aurait

plus de procès de presse, que la charte serait une vérité, que la Pologne ne périrait pas ? Qui a ordonné l'état de siége, les conseils de guerre et tant d'autres violences qui ont, depuis, frappé la France au cœur? Qui avait rêvé d'embastiller Paris ? Qui donc a osé déclarer sous le règne de la souveraineté du peuple, sous le gouvernement représentatif, sous l'empire de la charte, qu'on le broierait plutôt dans un mortier que de le faire changer de système?

Il y a eu de grands crimes commis depuis 1830, et ils appartiennent déjà tous à l'histoire. Ces crimes, nous sommes convaincus, nous, qu'ils produisent toutes les souffrances, toute la maladie qui nous dévore, parce qu'une nation comme la nation Française n'est pas faite pour se laisser pousser dans la voie du crime. Nous qui avons l'œil et le doigt sur la cause du mal, nous serions bien lâches et bien coupables, si nous ne la proclamions de toutes nos forces : c'est ce que nous faisons chaque jour, parce que c'est notre devoir, notre devoir d'*en haut*, qui passe avant ceux qu'on voudrait nous imposer *ici-bas.*

Et nous ne pouvons pas tout vous dire, car nous ne sommes que des enfans en fait de liberté : la voix du citoyen n'est pas entièrement libre sur le banc de la défense, où elle devrait être sacrée, et toutes les oreilles ne sont pas encore faites aux mâles accens de la vérité. Nous avons été si mal élevés de père en fils pendant quinze cents ans, la verge du maître nous a fait de si horribles plaies, que l'esclave affranchi se surprend plus d'une fois à trembler, et s'étonne même souvent de sa nouvelle audace. La liberté dont il commence à jouir l'enivre, et il peut arriver à l'insensé de frapper ses propres membres, de se déchirer les flancs. C'est ce que fait le roturier devenu l'égal du seigneur, toutes les fois qu'il se laisse aller aux caresses des puissans du jour ; c'est ce que fait le jury, noble conquête de notre révolution, quand il devient agent contre-révolutionnaire, en condamnant la pensée libre. Cette sorte d'égarement devient heureusement de plus en plus rare : il faut bien s'essayer à marcher avant de courir, et les jambes s'embarrassent ou fléchissent plus d'une fois dans les premiers essais.

Eh bien ! Messieurs, quelles que soient les gênes de l'état présent, ce que je puis pourtant vous dire, c'est qu'outre tous les faits qui se passent sous nos yeux, et qui sont si librement qualifiés chaque jour sur la place publique, dans les salons aussibien que dans l'intimité de la famille, plusieurs ont reçu une éclatante réprobation, une flétrissure authentique, sans que pour cela le pouvoir en ait tenu compte.

Dans le procès des fusils-Gisquet (1), les preuves du crime ont été si évidentes que M. Persil lui-même, qui remplissait les fonctions de ministère public, a déclaré du haut de son siège que cette affaire serait soumise à la chambre, et qu'il aurait alors, comme député, des devoirs à remplir. Vous savez s'il les a rem-

---

(1) Deux cent mille fusils à 35 fr. On les offrait en France à 26, 28, 30 et 34 à 50 cent. Prenez la moyenne, 28. Calculez ; quatorze cent mille francs de différence de perte. — Mais ce n'est pas tout : la totalité a été perdue puisque de fusils ne valant rien ont été, pour la plupart, retirés aux gardes nationales qui les avaient reçus.

plis. — Le pays a été volé de sept millions. — Voilà tout. — C'est une misère !....... — La faveur de M. Gisquet a-t-elle baissé depuis? Bien au contraire.

En 1831, les embrigademens d'assommeurs n'ont-ils pas reçu toute la lumière des débats judiciaires? Qu'en est-il résulté? — Rien. Je me trompe, il résulte toujours de ces sortes d'epreuves un enseignement moral, qui n'est pas perdu pour l'avenir.

Ici, tout près de nous, un fonctionnaire public a fait tout ce qu'il a pu pour exciter la guerre civile : sa conduite a été flétrie publiquement devant la cour d'assises de Saint-Flour. — Il est encore aujourd'hui préfet du Cantal.

Enfin, Messieurs, vous savez qu'au moment où la voix publique accusa un *auguste personnage* d'avoir empêché toute conciliation entre MM. Dulong et Bugeaud, d'avoir poussé les deux adversaires au combat, d'avoir retenu une lettre et de l'avoir brûlée, cette accusation devint si universelle et si terrible, que le *Journal des Débats* se crut obligé de justifier le roi, et de nous dire qu'il était le *plus honnête homme de son royaume*, ce qui dut étonner beaucoup de braves gens qui avaient pu, jusques-là, sans trop de vanité, ne pas se croire moins honnêtes que Louis-Philippe. — Quoi qu'il en soit, dans cette justification la conduite de M. de Rumigny fut hautement blâmée : « Aide-de camp du roi, de service » aux Tuileries pendant cette fatale semaine, il ne pouvait inter- » venir dans la querelle de M. Bugeaud sans la transporter en » quelque sorte au château avec tous ses incidens, tous ses périls, » sans y appeler l'œil et le contrôle des partis. » — Ces paroles sont celles du *Journal des Débats.* — Mais si c'est M. de Rumigny qui a eu tort en cette circonstance, et il faut bien le croire puis-qu'on nous l'a dit, sa faute était immense, car il a causé la mort d'un homme de bien, car il a ensanglanté une page de notre histoire. — Tout ce qu'il y a de repoussant dans les détails que vous connaissez maintenant de cette scène violente doit donc être imputé à M. de Rumigny?

Oui.

Eh bien ! est-il moins choyé à la cour, y est-il moins l'ami de la maison?

Non.

Voilà, messieurs, ce que nous ne concevons pas, nous qui ne sommes pas de la cour, voilà ce que nous sommes condamnés, par notre infirmité sans doute, à trouver impénétrable, malgré les explications du *Journal des Débats.*

A quoi sert-il donc de blâmer, si on encourage ! A quoi sert-il de reconnaître qu'une direction est mauvaise si on s'obstine à la suivre toujours invariablement ?

Mais il y a bien d'autres choses encore dont nous ne pouvons nous rendre compte.

Cette lettre, dont Dulong avait payé de sa vie la restitution, cette lettre brûlée se trouve tout-à-coup publiée plus tard par une feuille ministérielle de Lille (*le Nord*). — Le *Journal de Paris* explique cet *unique envoi*, par un oubli malheureux ; mais le même fait se répète dans plusieurs autres feuilles ministé-rielles d'Orléans, de Lyon, de Marseille. A Orléans, la lettre est arrivée *par voie extraordinaire.* — « Voilà, dit le *Peuple-Souve-*

» *rain* de Marseille , en annonçant l'insertion de cette pièce dans
» le *Garde-National*, voilà un nouvel acte de duplicité qui ajou-
» terait , s'il était possible , à l'odieux , dont les hommes du pou-
» voir se sont couverts dans cette malheureuse affaire , et au mé-
» pris inspiré par leur conduite. »

Et moi je demanderai pourquoi au lieu d'enfouir, s'il était possible , toutes ces hideuses circonstances, pourquoi on m'a fait un
devoir de venir les grouper ici pour leur prêter l'éclat de ces
débats ?

Ma tâche n'est pas finie.

Je suis poursuivi pour avoir publié les lignes suivantes :

« Cette époque est celle de la souveraineté de la raison , de
» l'épuration et de l'adoucissement des mœurs. Partout on n'en-
» tend émettre que des idées consolantes, que des vœux de fra-
» ternité et de concorde, oui partout hors un seul lieu d'où nous
» sont venues sans relâche, depuis 1830, d'exécrables paroles de
» haine et de vengeance qui n'inspirent que dégoût et mépris à
» toutes les âmes généreuses.

» A côté des conceptions toutes pacifiques du plus avancé des
» peuples libres , se montre la royauté du 9 août toujours fu-
» rieuse, toujours entourée de provocateurs, hérissée de glaives
» et conviant les citoyens à s'égorger entr'eux. — Rappelez-vous
» ses paroles alors que le canon de St-Méry se faisait entendre ;
» rappelez-vous ses bandes d'assommeurs et son état de siége.

» *Divise pour régner*, voilà son cri de ralliement. Elle s'est
» constamment attachée à substituer la violence et le duel aux
» lumières de la raison publique, la force brutale à l'action de la
» pensée. »

Ce n'est sans-doute pas pour avoir dit que cette époque est
celle de l'épuration et de l'adoucissement des mœurs qu'on m'a
fait un procès , bien que cette phrase soit incriminée. Ce n'est
sans-doute pas pour avoir avancé qu'on n'entend émettre que des
idées consolantes , que des vœux de fraternité et de concorde ,
c'est donc parce que j'ai dit que le pouvoir seul demeurait glacé
d'égoïsme ou furieux de colère au milieu de ce consolant progrès.

Eh bien ! vous me reprochez encore ici de faire de l'histoire.
— Est-ce ma faute à moi, si certains hommes ne sentent rien des
pensées du siècle ?

Prenons pour un moment le langage monarchique : dites-nous
si jamais le pouvoir eut plus d'occasions de faire éclater sa générosité, sa clémence et pourquoi il ne sait recourir depuis quatre
ans, qu'à la violence, à la haine. — Ce règne est le premier qui
n'ait pas fait usage du droit de grâce en matière politique. Il n'a
que pensée de mort et de destruction: « Ecraser l'anarchie ,
anéantir les factions, » voilà ses mots favoris, voilà la devise
qu'il ne fait que répéter sans cesse; au lieu de gouverner par l'intelligence il ne sait que dominer par la puissance du sabre , avec
une armée sur pied de guerre au milieu de ce qu'il appelle les
prospérités de la paix. (1)

(1) La quantité excessive de troupes en temps de paix n'est qu'un pré-
texte pour charger le peuple d'impôts, un moyen d'énerver l'état et un instrument de servitude. (Montesquieu.)

Oh ! il y avait de quoi faire autre chose que ce que nous voyons, avec la France de 1830, mais il fallait pour cela l'écouter, la comprendre au lieu de chercher à l'assujettir. — Il fallait pour cela ne pas dire: « Je n'ai jamais fait aucune promesse ; en droit » je n'avais rien à promettre, en fait je n'ai rien promis. » — Il ne fallait pas dire à une nation libre : « On me hachera plutôt que de me faire changer de système. »

Messieurs, si j'avais cru devoir défendre mes paroles alors qu'elles ont été écrites, je ne puis plus penser que cela soit nécessaire depuis les épouvantables journées de Lyon et de Paris.

Quand je parlais, le 5 février, des premiers embrigademens, j'étais loin de prévoir que d'autres bandes surgiraient le 23 du même mois, et laisseraient loin derrière elles les crimes des premières. J'étais loin de prévoir que Lyon et Paris deviendraient le théâtre des plus affreuses violences qui y aient été commises de mémoire d'homme.

Cela s'est vu pourtant. Toute la France a retenti des crimes du 23 février que tous les organes indépendans de la presse de toutes les nuances ont qualifié *crime*, et aucune poursuite n'a été exercée contr'eux. Plusieurs ont défié le pouvoir de leur faire des procès en cette circonstance, et le pouvoir s'est senti pris de pudeur, il a refusé le défi.

Les ordonnateurs de cette sanglante journée ont-ils été punis ? — L'opinion publique, la moralité du caractère national ont-elles eu la satisfaction qui leur était due ? — M. Dargout vient de recevoir un précieux témoignage de la confiance royale. Le système est toujours le même. Il est bien compris maintenant par tous ceux qui auraient pu conserver encore quelques doutes avant le 23 février, qu'on peut parler des *crimes* du pouvoir.

Et qu'était-ce donc, grand Dieu ! que les scènes de la place de la Bourse, en comparaison des horribles événemens de Lyon et de la rue Transnonain ? Appréciez-en la moralité par les paroles suivantes de M. Camille Périer :

M. Camille Périer, le plus jeune des frères de la famille Casimir Périer, disait le lendemain des événemens de Paris, en présence de M. Riphée-Thierry de Metz, avocat à la cour royale de Paris :

« Ah, il est bien fâcheux qu'on n'ait pas suivi le plan de con- » duite tracé par Gisquet dans le conseil tenu dimanche aux Tui- » leries. Gisquet voulait qu'on étendît le cercle de l'insurrection ; » qu'à cet effet on laissât prendre avantage par les insurgés sur » les troupes pendant 24 heures, afin d'attirer dans l'enceinte » tous les républicains, fermer ensuite toutes les issues, resser- » rer le cercle en faisant concentrer sur ce quartier toutes les » troupes, garde nationale, agens de police etc., et mitrailler tout » ce qui serait ainsi renfermé, de façon à n'en pas laisser échap- » per un seul. — C'est ce maudit Persil qui, par un sentiment » d'humanité, (l'humanité de Persil !) a combattu cette mesure ; » l'avis de Persil fut adopté, en sorte que la révolte a été peu de » chose, et que le but a été totalement manqué. »

Messieurs, tirons un long voile de deuil sur cette large et profonde tache de sang imprimée à l'histoire de notre pays, sur les véritables causes de toutes ces atrocités ; (nous trouverions la solution du problème dans le *Courrier de Lyon*) ; sur les énormes récompenses qui les ont suivies : notre unique réponse serait celle-ci :

Henri III, voulant faire Charles de Larochefoucauld chevalier du Saint-Esprit, à la première promotion, le 31 décembre 1578, lui demanda un état de ses services. Il en remit un. « Je ne vois » là, lui dit ce prince, que les siéges et les batailles où vous » vous êtes trouvé sous les règnes de mon père et de mon grand-» père. -- Sire, répondit Larochefoucaud au monarque, nous » combattions alors contre les Espagnols ou les Anglais. » Contre qui avons-nous combattu depuis ? Contre des Français. » Quelles batailles et quels ennemis ! A Saint-Denis, à Dreux, à » Jarnac, à Moncontour : j'y ai vu quatre-vingt mille Français » séparés en deux armées, sous les plus braves et les plus habiles » chefs de l'Europe, s'élancer les uns contre les autres et s'égor-» ger. Ah ! peut-on mettre au rang de ses services le massacre » de ses parens, de ses amis, de ses compatriotes, des Fran-« çais ! »

Tirons un long voile de deuil sur les grossières injures adressées à quelques centaines d'ouvriers vaincus par cinquante ou soixante mille vainqueurs.....

Nous nous bornerions à rappeler ces paroles de Machiavel et on ne nous reprochera sans doute pas de choisir nos autorités parmi nos amis :

« En matière de répression politique, le parti qui gouverne » proclame toujours à son de trompe que les insurgés sont des » scélérats ; mais, si malgré ces fanfares, il demeure avéré que » la qualification est mensongère, le droit de se réjouir de la » victoire se paye avec un surcroît d'impopularité. »

(Machiavel.)

Messieurs, une pensée me frappe. -- Je me demande comment la cour royale de Riom a pu décider en février 1834 que les paroles citées plus haut sont coupables, quand elle avait décidé en septembre ou octobre 1833, que les mêmes paroles ne l'étaient pas. Voici, en effet, les pensées que m'avaient arrachées les événemens d'Aurillac dès que j'en eus connaissance, car c'est le propre de toutes les violences de produire les mêmes impressions sur les âmes libres :

« Nous appelons toute l'attention de nos lecteurs sur les » événemens graves qui viennent de se passer à Aurillac. Il » est remarquable que ce soit au moment où nous avons des » preuves journalières de l'adoucissement des mœurs et du » progrès moral de notre nation que la force brutale recom-» mence plus que jamais à sévir chez nous. A quoi cela tient-» il ? — Croit-on qu'il n'y ait pas en France de quoi faire quel-» que chose de mieux, de plus consolant, de plus fécond en » richesses matérielles et en satisfaction privée que l'état de » lutte, de colère, de réaction continuelle et de violence sau-» vage qui nous déshonore depuis trois ans ? — Les malheurs » qui nous accablent sont le résultat du désordre qu'une pen-» sée criminelle a jeté dans notre grand mouvement révolu-

» tionnaire. Sous l'influence de cette pensée astucieuse, mais
» sans élévation, sans grandeur, sans générosité, sans élan,
» toutes les forces de la nation se combattent, se déchirent,
» et, comme nous l'avons dit il y a quelque temps, nous
» avons la guerre depuis trois ans, mais la plus cruelle de
» toutes les guerres, la guerre civile. — La déplorable volonté
» qui prétend tourmenter à sa guise toutes les nobles inspira-
» tions d'une nation magnanime semble souffler ses fureurs
» à tous les esprits qu'elle appelle à son aide. En 1833, et
» après la grande leçon de juillet, rien ne paraît plus simple
» que d'administrer des populations par le sabre, rien de
» plus simple que de dissiper le peuple assemblé par des
» charges de cavalerie, rien de plus naturel que de tuer des
» hommes sur la place publique. Ici, c'est un préfet de 30
» ans qui a déjà du sang au front pour avoir voulu intervenir
» par la violence dans le débat tout pacifique d'un curé avec
» son évêque ; là, un autre ordonne à un régiment de frap-
» per sans pitié sur les concitoyens qu'il devrait protéger, et
» il en résulte, pendant plusieurs mois, d'interminables
» duels entre ceux qui devraient vivre en frères. Aujour-
» d'hui en voilà un qui frappé de la démence qui égare le
» pouvoir, conçoit la malheureuse pensée de renverser au
» grand jour anniversaire, le pieux monument élevé aux com-
» battans de juillet, et d'outrager ainsi le peuple dans sa
» sainte douleur et dans l'exercice de sa glorieuse commémo-
» ration. — En vérité, en vérité, la pensée politique qui pré-
» tend nous diriger est ennemie de tout repos, elle est anti-
» pathique à notre caractère français, elle éveille la haine
» entre les citoyens : c'est à eux de se serrer fraternellement
» les uns contre les autres pour déjouer ses combinaisons
» impies.

      » — La guerre civile est chez nous : ouvrons donc les yeux
» pour en reconnaître la cause, et l'arène ensanglantée de la
» politique ne comptera plus que des frères travaillant d'ac-
» cord au bonheur et la gloire de la patrie. »

      Remarquez bien, messieurs, que ce n'est pas la Cour d'assises
de St-Flour qui a innocenté cet article dans lequel se trouvent
toutes les pensées et jusqu'à toutes les paroles du passage incriminé, aujourd'hui ; que c'est la chambre des mises en accusation
de la Cour royale, qui l'a rejeté de la plainte, et ne l'a pas compris dans le procès. Comment donc ce qui était innocent en
octobre est-il devenu coupable en février, quoique nous ayons
eu depuis bien d'autres chefs d'accusation ?

      C'est là une bisarrerie que je ne me chargerai pas d'expliquer.
Toutefois, il m'est impossible de penser qu'il n'y ait pas eu
erreur, et que la chambre des mises en accusation, qui a fait
bonne justice de l'action intentée contre moi pour avoir manqué, je crois, à la mémoire du roi Louis XVI, n'ait pas entendu
faire le même cas d'une grande partie de l'autre accusation.
L'erreur et l'oubli sont pour moi la seule manière de concevoir

une contradiction pareille de la part d'une Cour si éclairée.

Il me reste, messieurs, dans ce premier article, à vous parler encore de quelques lignes qui le terminent. Les voici :

« La mort de M. Dulong a fait renvoyer le bal qui devait » avoir lieu chez le président de la chambre, mais on a dansé » chez le roi. »

Je vous avoue que je ne comprends pas le moins du monde que cette phrase soit incriminée ni incriminable. Il est de notoriété publique, il est incontestable, que la mort de Dulong a fait renvoyer le bal qui devait avoir lieu chez M. Dupin, et il est également incontestable que, lorsque tout Paris était en deuil, on dansait chez le roi Louis-Philippe, comme on avait dansé chez le roi Louis XVIII, le jour où les quatre têtes de Bories, Raoul, Goubin et Pommier roulaient au pied de l'échafaud de la Grève.

L'article se termine ainsi :

« O roi Philippe, si la révolution une fois accompli les na-
» tions affranchies et la république Européenne solidement
» fondée, la France vous laisse l'existence et la liberté, elle
» aura donné au monde un grand et noble exemple de force et
» de magnanimité, car ses souffrances sont grandes, et il lui
» faudra une admirable vertu pour en dominer le souvenir ! »

Je ne comprends pas plus qu'on ait incriminé cette phrase que je ne le comprenais pour la phrase précédente.

Elle renferme les propositions suivantes : Premièrement, que la révolution sera un jour accomplie, et il faut bien l'espérer pour que ce ne soit pas toujours à recommencer ; secondement, que les nations seront affranchies et que la république Européenne sera solidement fondée ; ceci n'est, à vrai dire, que là première proposition sous une autre forme. Messieurs, à part la question de temps, sur laquelle les avis sont excessivement partagés, tout le monde convient que c'est là le progrès auquel nous tendons, et ce qu'a dit avant nous celui qui a consacré sa vie à reconstituer le pouvoir absolu, le premier capitaine et le premier homme d'état des temps modernes, les parquets royaux voudront bien nous permettre de le répéter. Il est incontestable que l'Europe entière marche à la république ; M. Châteaubriand proclame lui-même cette vérité.

Or, quels sont les plus grands ennemis de la république ? — Les rois. — Quelles sont les causes de tous les obstacles que rencontre le progrès, de toutes les souffrances qui résultent de la lutte ? — Les rois. — Contre qui la république, une fois victorieuse, aurait-elle à exercer le plus de vengeances si la république avait besoin de vengeance ? — Contre les rois. — C'est donc émettre un vœu très-humain, très-pacifique et très-généreux que de dire :

« O roi Philippe, si la révolution une fois accompli, les na-
» tions affranchies et la république Européenne solidement
» fondée, la France vous laisse l'existence et la liberté, elle
» aura donné au monde un grand et noble exemple de force et
» de magnanimité, car ses souffrances sont grandes, et il lui
» faudra une admirable vertu pour en dominer le souvenir ! »

Assurément si le journal des *Débats* , le *Journal de Paris* ou l'*Ami-de-la-Charte* eût tenu le langage suivant :

« O républicains qui faites tant de mal à la monarchie, si la révolution , une fois vaincue à jamais (vous comprenez bien que je ne fais qu'une suppposition) , et tous les trônes solidement reconstitués , Louis-Philippe et ses collègues vous laissent l'existence et la liberté, ils auront donné un grand exemple de force et de magnanimité, car vous leur causez vraiment beaucoup d'inquiétudes , vous leur faites beaucoup de mal , et il leur faudra de la vertu pour en dominer le souvenir.... » Si , dis-je , l'un des journaux précités eût parlé ainsi , aucun de ces messieurs ne se serait fait une mauvaise affaire avec les parquets royaux. Et pourtant s'il y a ici une différence , elle est tout-à-fait à notre avantage , la voici : c'est que les républicains sont bien loin d'avoir jamais promis à Louis-Philippe de refaire la restauration , tandis que Louis-Philippe leur avait bien formellement et bien explicitement promis des institutions républicaines. Je n'en veux d'autre preuve que la parole de Lafayette :

Ecoutons-le parler lui-même :

Lettre de Lafayette à ses commettans , 13 *juin* 1831.

« Je crus trouver , dans l'autorité et la confiance populaires dont j'étais investi , le *droit* et le *devoir* d'aller m'expliquer franchement au nom de ce même peuple , avec le roi projeté. »

« Vous savez , lui dis-je , que *je suis républicain* , et que je
» regarde la *constitution des Etats-Unis* comme la plus par-
» faite qui ait existé. — Je pense comme vous, répondit le duc
» d'Orléans ; il est impossible d'avoir passé deux ans en Amé-
» rique et de n'être pas de votre avis ; mais croyez-vous , dans
» la situation de la France, et d'après l'opinion générale , qu'il
» nous convienne de l'adopter ? — Non , lui dis-je ; ce qu'il
» faut aujourd'hui au peuple français , c'est un *trône populaire*
» *entouré d'institutions républicaines, tout-à-fait républicaines.*
» — C'EST BIEN AINSI QUE JE L'ENTENDS, répartit le prince. — Cet
» engagement mutuel , que je m'empressai de publier , acheva
» de rallier autour de nous ceux qui ne voulaient pas de mo-
» narque , et ceux qui en voulaient un tout autre qu'un Bour-
» bon. »

Les organes les plus exigeans du ministère public nous ont toujours reconnu le droit de développer nos principes républicains. Il est bien clair , messieurs , que ce qu'il y a de plus antipathique à la république, de plus haïssable pour les républicains , c'est la royauté.

Je ferais outrage à votre instruction et à votre bon sens, si je cherchais à prouver ce qui est écrit partout , et ce que les hommes les moins clairvoyans sentent d'eux-mêmes.

Je lis les paroles suivantes dans l'exposé des motifs d'un projet de constitution très-librement , très-publiquement imprimé en 1833, et généralement loué pour les sentimens philantropiques dont il est empreint :

« Pour les lois pénales , il s'établit entre ceux qui ont con-

» couru à préparer ce projet une divergence totale d'opinion,
» sur un seul point, et après une très-longue discussion la ma-
» jorité se prononça pour l'abolition de la peine de mort ; elle
» pensa que nul ne pouvait s'arroger le droit d'ôter la vie à son
» semblable, et que la seule proscription de ce droit devait im-
» primer un grand caractère de moralité à la nation. Elle tint
» à ce que cette proscription fût consacrée dans la déclaration
» des principes fondamentaux.

» La minorité dont je faisais partie, dit l'auteur de l'exposé
» des motifs, tout en adoptant l'opinion de la majorité pour les
» cas ordinaires, eût désiré que la peine de mort fût conservée
» uniquement pour ces grands crimes politiques qui mettent
» en danger la liberté et la souveraineté du peuple. Elle croyait
» qu'il y avait de l'inhumanité à ne pas frapper les ennemis du
» genre humain. Mon opinion particulière sur ce point impor-
» tant, était celle-ci, continue l'auteur : Abolition de la peine
» de mort dans tous les cas, excepté pour le grand crime de
» lèse-nation, l'usurpation par un seul des droits de tous. »

Messieurs, voilà une opinion bien susceptible d'être défen-
due, ne fût-ce que par les argumens de tous les publicistes qui
ont écrit sur la république ; voilà une opinion qu'on n'a pas
poursuivie, qu'on ne peut pas poursuivre, et qui est pourtant
bien autrement sévère que la mienne. La mienne est un vœu de
pardon et de générosité dont la réalisation ne me semble pas
audessus des forces de l'humanité au point où elle en est.

Après toutes les usurpations qui se sont succédé depuis un
demi-siècle, les républicains donnent une preuve immense de
l'élévation et de la mansuétude de leurs principes, en ne voulant frapper personne, ... personne au jour où les fruits de
la victoire seront assurés. -- Je pense que les peuples de l'Europe sont aujourd'hui assez éclairés pour ne pas nous forcer à
leur jeter encore la tête d'un roi pour briser leur coalition. Je
compte assez maintenant sur la puissance de la vérité qui n'a
jamais brillé d'un aussi pur éclat, pour espérer que nous n'au-
rons pas besoin de violence. Il faudrait pour cela que le sol fût
dangereusement menacé, car avant tout l'indépendance nationale.

Je le répète et je l'ai prouvé, les dernières lignes de mon
premier article incriminé renferment une théorie de magnanimité qui est celle de tous les hommes de paix et de fraternité.
Si vous me condamniez pour l'avoir professée, il faudrait m'acquitter, parce que j'aurais émis le vœu contraire, parce que
j'aurais dit :

« O roi Philippe, si la révolution une fois accomplie, la
» France vous ôte l'existence et la liberté, elle aura donné
» au monde un grand exemple de justice ; et à la morale ou-
« tragée, une réparation éclatante. »

Mais je n'ai pas dit cela, j'ai dit tout le contraire, ... choisissez.

J'ai achevé, messieurs, ce que j'avais à vous dire de mon
premier article incriminé ; avant de passer à la discussion du
second, je prie M. le président de vouloir bien m'accorder
quelques instans de repos.

(L'audience est suspendue pour un quart d'heure.)

(SECOND ARTICLE INCRIMINÉ)

Le second article est intitulé LES BALS et est relatif aux bals qui furent donnés, cet hiver, à la préfecture du Puy-de-Dôme par M. le préfet Dejean. — M. Trélat se dispose à en donner lecture et parle déjà des événemens sanglans de *Carcassonne* à la suite desquels M. Dejean fut chassé de ce pays, où il a pris naissance et où il avait été accueilli avec enthousiasme après la révolution de juillet. Il est invité par M. le procureur-général et par M. le président, à ne s'occuper que des derniers mots de cet article, les seuls qui soient incriminés.

M. *Trélat :* Je ne pense pas qu'on puisse isoler une phrase d'un article, et il est tout-à-fait dans mon droit de donner connaissance à MM. les jurés, de l'article en son entier. Je me rappelle avoir entendu combattre et vu résoudre victorieusement cette question contre M. l'avocat-général Marchangy, qui prétendait discuter et attaquer des phrases isolées d'un article incriminé. Il lui fut démontré que le sens général d'un article pouvait exercer une très-grande influence sur celui d'une phrase, d'une pensée. Au reste, je ne veux rien négliger pour abréger ces débats et j'avoue qu'il ne m'est pas d'un grand intérêt de m'occuper de l'article tout entier. Je me bornerai donc à vous donner connaissance de la dernière phrase de mon second article. La voici :

« Quant à nous, nous concevons que ceux qui voient un acte » politique dans le gaspillage d'argent qui se fait à la préfecture » pour y donner à danser et à boire, puissent voir aussi un acte » politique dans le bal carliste qui aura lieu ce soir, mais telle » n'est pas notre pensée. Pour nous ce n'est pas au bal que se » traitent les intérêts du pays, ce n'est pas au bal que se forment » les opinions. Permis à quiconque de danser, le vrai peuple » de France ne danse pas alors que le pays est en proie aux » doctrinaires, alors qu'on tue ses députés PAR ORDRE. »

Messieurs, j'ai appelé les bals dont on prétend se faire depuis quelque temps un moyen politique, un gaspillage d'argent, parce que nous ne comprenons pas, nous républicains, qu'on puisse sacrifier la fortune du peuple à de pareilles futilités. Nous comprenons, nous républicains, et nous désirons, quoiqu'on en puisse dire, que le peuple après s'être livré au travail qui l'honore et qui fait la prospérité du pays, se livre au délassement et à la joie, mais nous regardons comme immoral que ceux qui reçoivent de l'argent pour faire ses affaires l'emploient à faire manger et boire par quelques favoris, des mets et des rafraîchissemens très-chers. Ce que nous ne pouvons surtout expliquer, c'est qu'on veuille faire d'un pareil gaspillage un moyen de gouvernement, un ressort politique : cette bouffonnerie nous ferait rire si elle ne nous inspirait une profonde pitié, à nous qui honorons beaucoup trop la politique pour en faire jamais mouvoir les ressorts au bruit des verres et de la musique. Nous ne pouvons mieux faire que de vous citer en cette circonstance de belles paroles de M. Guizot.

« Toujours la même prétention à mutiler la nature humaine,

» à en oublier une partie ! toujours la même incapacité de la
» voir sous toutes les faces, de la saisir par tous les côtés, de
» lui répondre dans tous ses besoins, d'en porter enfin tout
» le poids ! C'est cependant la mission, que dis-je ? la néces-
» sité des gouvernemens. Ceux-là seulement sont forts en qui
» retentit la société tout entière, qu'elle ne trouve en aucun
» point insensibles, sourds ou étrangers à ce qui se passe dans
» son sein, de qui elle se sent pleinement comprise et complè-
» tement acceptée. »

(*Des moyens de gouvernement*, *Guizot*, 1821.)

Il nous paraît difficile que les besoins de la société tout entière retentissent dans un bal préfectoral et nous avons, nous en
convenons, fort peu de confiance dans ce nouveau moyen de
gouvernement, que nous devons, je crois, au génie de M. Casimir Périer.

La seule partie du paragraphe qui soit incriminée est celle-ci :

« Permis à quiconque de danser, le vrai peuple de France ne
danse pas alors que le pays est en proie aux doctrinaires, alors
qu'on tue ses députés PAR ORDRE. »

Messieurs, je lis dans le *Journal du Loiret* du 9 février :

Paris, 6 février.

« La lettre de M. Dupont de l'Eure, en même temps qu'elle a
donné à M. Dupin une occasion curieuse de faire acte de partia-
lité avec entêtement et persistance, a produit au fond une sen-
sation très-vive. C'est le premier acte éclatant de rupture entre
M. Dupont et la monarchie de juillet, que voilà enfin brouil-
lée à jamais avec les trois hommes qui seuls, quoi qu'on dise,
l'ont faite ce qu'elle est : MM. Laffitte, Lafayette, et enfin Dupont de l'Eure.

« On a remarqué que M. Bugeaud avait reparu hier à la chambre. Il y a deux jours les amis du général disaient qu'il s'abs-
tiendrait de siéger jusqu'à la fin de la session. Y aurait-il encore
là QUELQUE ORDRE SUPÉRIEUR ? »

Je lis dans un numéro du *Corsaire* de février, un article intitulé *La main invisible*, article que je voudrais vous lire tout entier, qui est beaucoup plus explicite que le mien et dans lequel
on trouve les passages suivans :

« La main invisible démonte les diamans de la couronne ;
» elle râcle les monumens ; elle décroche les tableaux de nos
» musées ; elle abat les forêts, et transforme nos hautes futaies
» de France en terres américaines ; elle bouleverse le sol et les
» élégans dessins de nos jardins ; elle change en petits fossés,
» en grilles mesquines, la splendeur de nos vertes terrasses.
» Machiniste ou chef d'orchestre, toujours elle commande la
» manœuvre ; par son ordre ou par son inspiration seulement se
» remuent les automates du pouvoir.
» Elle a noué le cordon de l'espagnolette de St-Leu.
» C'est aussi la main invisible qui a posé le doigt sur la détente
» du pistolet qui a tué Dulong.
» Pensée immuable et main invisible, voilà ce qui régit la
» France. Ame du peuple et bras populaire, voilà ce qui doit

» nous arracher un jour à ces funestes puissances de la nuit
» doctrinaire !

Cet article incriminé a été absous par la cour d'assises de la Seine , et également absous par celle des Bouches-du-Rhône , après avoir été reproduit dans les colonnes du journal le Peuple-Souverain.

On trouve ces mots dans un autre numéro du Corsaire :

« Qu'est-ce que M. Bugèaud ? C'est le gant de la main invisible.

La Caricature publia immédiatement après le duel de M. Bugeaud , une planche sur laquelle on voit le malheureux Dulong tombant sous les coups de son adversaire , que pousse une main sortie d'un nuage dont la forme, vague et indéterminée était très-suspecte au ministère public. Cette planche , que je prie M. l'huissier de service de faire passer sous les yeux de MM. les jurés , a été acquittée au bout de quelques minutes de délibération , et il est même arrivé un incident assez remarquable ; le chef du jury a dit : Sur mon honneur et ma conscience , la déclaration du jury est , à l'unanimité : « Non, les » prévenus ne sont pas coupables. » — Comme il est interdit au jury de faire connaître à quelle majorité son verdict a été rendu , on fit rentrer les jurés dans la salle de leurs délibérations et ils revinrent faire leur déclaration.

On lit le passage suivant dans le journal du 16 février :

« M. Teste a raconté , il y a peu de jours, que se trouvant chez M. d'Argout quand le rédacteur du Journal de Paris s'y est présenté , et le ministre ayant reproché avec colère au journaliste l'article qui avait ranimé la querelle entre MM. Bugeaud et Dulong , ce dernier aurait répondu devant le député d'Uzès que l'insertion de cet article, qui a tué un député , avait été exigée par le ministre de la guerre président du conseil. Je vous cite ce fait sans réflexions. »

Enfin , je trouve ce récit plus détaillé dans un journal ministériel , tout-à-fait ministériel , aussi ministériel que l'Ami-de-la-Charte (on rit), dans l'Echo de Vésone :

« Un journal rapportait hier que M. d'Argout , voyant entrer dans son cabinet , le jour de la mort de Dulong , le rédacteur de la feuille ministérielle qui , par une note inconvenante , avait provoqué le duel , lui dit , en présence d'un député qui se trouvait là : « Ah ! monsieur, dans quel embarras nous » mettez-vous ! C'est votre article qui a servi de bourre au pis- » tolet qui a frappé M. Dulong ! » Le journaliste répondit que l'article lui était venu du ministère de la guerre avec L'ORDRE de l'insérer.

« Nous avons reçu nous-mêmes la confirmation de ce colloque. Le député qui en a été témoin est M. Teste , un des coryphées du tiers-parti , qu'il ne faut pas confondre avec Charles Teste , l'un des bons citoyens les plus dévoués à la cause républicaine.»

Ces articles ont été publiés dans tous les journaux de Paris , et répétés par tous les journaux de département. — M. Teste, député dévoué au pouvoir, avocat du trésor, n'a pas réclamé. L'exactitude des faits m'est acquise ; or , qu'ai-je dit de plus que ce qu'ont dit MM. Dargout et Léon Pillet sans qu'on les ait incriminés ni l'un ni l'autre ? (On rit.) Seulement ils l'ont dit, eux , avec honte , avec remords, et moi qui n'éprouvais ni honte ni remords, je l'ai dit avec la douleur et le désespoir que me causait la mort violente d'un homme de bien.

Messieurs, au fond de toute question il y a une moralité : voyons donc quelle est la moralité des deux hommes que je trouve devant moi dans cette malheureuse affaire. Me voici face à face en cette circonstance avec MM. Rumigny et Bugeaud. Avec le premier , c'est la seconde fois. Quelques mots sur MM. Bugeaud et Rumigny , l'un l'auteur , l'autre le provocateur de la mort de Dulong.

En 1831 il y eut un procès connu sous le nom de procès de l'artillerie. Là comparurent 19 accusés, auxquels on reprochait d'avoir fait un complot , et qui ne se connaissaient pas. Trois d'entr'eux seulement se connaissaient. La faiblesse de l'accusation expira devant la sagesse du jury : les dix-neuf citoyens dont on demandait les têtes furent acquittés. Mais s'il n'y avait pas là de complot véritable , il résulta des débats la preuve d'un complot d'un autre genre. Il fut prouvé que M. de Rumigny , aide-de-camp du roi , chef de la police secrète du château , avait organisé un complot pour s'emparer des pièces de l'artillerie et les enlever aux canonniers.

Dans ce procès M. de Rumigny lui-même a dit , et je vous le lis ici dans la relation imprimée du procès : « Qu'il recevait » des rapports confidentiels, qu'il entrait dans ses fonctions » d'en recevoir. »

Dans ce procès M. Tonnet , membre de la commission des récompenses nationales , avocat à la cour royale de Paris , a affirmé qu'il tenait d'un brave militaire de l'empire , couvert de glorieuses blessures , que M. de Rumigny lui avait fait la proposition d'organiser un coup de main pour s'emparer des pièces, *que l'argent ne manquerait pas.* — M. l'avocat-général Miller , nommé depuis président de chambre , somma M. Tonnet de nommer la personne qui lui avait fait cette confidence ; M. Tonnet refusa de la faire avant d'avoir pris son consentement, et l'avocat-général se disposait à requérir contre lui lorsque le président renvoya l'incident au lendemain.

A demain , dit M. de Rumigny:

A demain , répondit Me Boinvilliers , défenseur de Cavaignac. Le lendemain M. Tonnet revint avec M. Bicherou , vieux militaire criblé des balles d'Austerlitz et de la Moskowa , et sur la question qu'on lui fit si on ne lui avait pas adressé ces paroles : « Prenez des hommes déterminés comme vous, l'argent ne » manquera pas » ; M. Bicherou répondit : « Oh ! cela, oui, on me l'a dit. » Je n'oublierai jamais qu'en ce moment M. de Rumigny ressentit un tel malaise qu'il fut obligé de mettre son chapeau entre ses jambes et de dénouer rapidement sa cravate.

Voilà pour M. de Rumigny.

Quant à M. Bugeaud , vous savez ses antécédens de Blaye ; vous savez qu'il a proposé , il y a quelques mois , la mise en accusation de trois députés , que sa voix n'a manqué à aucune demande de lois d'exception à aucune tentative de violence.

Messieurs, sans prétendre qualifier ici aucun de ces actes, sans vouloir rechercher s'ils appartiennent plutôt aux hommes qu'à ce qu'exige d'eux le système auquel ils se vouent, disons que c'est une bien malheureuse époque que celle où le député du peuple, le législateur d'une nation peut descendre de la hauteur de ses fonctions législatives pour exercer des fonctions secrètes ou pour devenir geôlier.

Et qu'on ne vienne pas nous soutenir qu'une fatalité de progrès ne nous sert pas quand nous voyons ceux qui croient relever leurs points d'appui, les miner de fond en comble; les plus hautes dignités, les plus éminentes qualifications s'abîmer sous le mépris public, le maréchalat que Napoléon avait lustré de sa gloire, se flétrir sous ces ignobles paroles : « *On ne m'arrachera* » *mon traitement de maréchal qu'avec ma vie......* »

M. LE PRÉSIDENT interrompant : « Prévenu, vous ne devez pas attaquer dans votre défense, un homme aussi éminent par ses services militaires, que l'est le maréchal Soult, et en admettant que les paroles que vous citez aient été proférées dans un moment de chaleur et de trop courte réflexion, il n'est pas dans votre cause de vous en occuper. »

LE PRÉVENU : M. le président, il y a dans toute cause les faits et la moralité, mais je n'ai plus rien à dire dès que les paroles citées ont reçu le blâme de la cour. (On rit.)

LE PRÉSIDENT : Je n'ai pas dit cela, ces paroles n'ont pas le blâme de la cour.....

LE PRÉVENU continuant : Dites-nous donc qu'une fatalité de progrès ne nous sert pas pour confondre les vanités humaines, quand nous entendons ces autres paroles plus ignobles encore : «*Le bâton du maréchal est le picotin d'avoine des militaires;* » — la puissance de la tribune s'anéantir sous le ridicule et sous les expressions grossières de ceux qui l'occupent; enfin, un vieux militaire prendre à tâche d'insulter à la gloire de nos armées républicaines !

C'est M. Bugeaud qui s'est chargé de ce soin, et vous vous rappelez comme il s'en est acquitté.

Messieurs, si quelqu'un de vous s'est trouvé dans les champs de Fleurus, de Montenotte, de Millésimo, de Chérasco, de Mondovi ou de Zurich, il a dû frémir de colère le jour où il a lu les grossiers outrages du général Bugeaud contre nos armées républicaines.

Les sentimens qu'inspira cet homme le jour où il qualifia tant d'exploits du nom de *jeux d'enfans* furent si universels, que plusieurs feuilles ministérielles même s'associèrent au cri de réprobation qui s'éleva de toutes parts, et je ne puis me rappeler sans rire que le *Journal de l'Aisne*, feuille dévouée au ministère, reproduisit tout entier un article de moi sur le général Bugeaud, en le faisant précéder de ces mots :

« Nous nous empressons d'ouvrir nos colonnes à un article qui » nous est communiqué par un brave de l'armée d'Italie. »

Outre ce que cette singulière idée peut avoir de comique, on peut y trouver une preuve de plus de la probité littéraire de la presse ministérielle.

Personne de vous n'a oublié, Messieurs, quel cynisme et quelle impudeur affecta de montrer le général Bugeaud après la mort de Dulong, avec quel empressement et dans quelles dispositions il reparut à la chambre. Voici quelques paroles inspirées au *National*, par l'une des plus scandaleuses sorties de celui qui montrait si peu de retenue après l'irréparable malheur qui venait de lui arriver :

On lit dans le *National* :

« On a vu reparaître dans la discussion, avec un sentiment plus que pénible, M. Bugeaud, grossier, insolent, provoquant, comme de coutume, et plus que de coutume, car chacune de ses paroles semble dire : « C'est moi qui tue un homme à trente-cinq pas. » Ce surcroît d'insolence de M. Bugeaud ne prouve pas pour nous qu'il désire de nouvelles rencontres avec les hommes de l'opposition, mais que peut-être il pense qu'elles ne lui seraient plus permises. Et, en effet, M. Bugeaud, depuis son fatal duel avec M. Dulong, a tenu une conduite si indécente et si bassement triviale, que tout homme délicat y regarderait à deux fois avant de lui accorder l'honneur dont M. Dulong et ses amis eurent tort de le croire digne. »

Je voulais vous citer ici les paroles de cet officier-général aux officiers de la garnison de Paris, immédiatement avant les massacres de la rue Transnonain, et ces paroles vous feraient frémir. Je les repousse de cette défense. Chaque jour, cet homme exhale sa haine et sa fureur contre la liberté, contre la civilisation : mercredi dernier, à la chambre des députés, il s'est plaint de l'adoucissement du code, des lois et des institutions.

Mais laissons-là MM. Bugeaud et Rumigny : j'ai voulu vous faire apprécier la moralité de cette affaire par celle des deux hommes qui en ont été les principaux agens, l'un le provocateur et l'autre l'instrument.

J'ai à répondre ici à plusieurs allégations de M. le procureur-général.

Il m'a demandé où sont les crimes et les victimes de la royauté ? Le plus grand de tous les crimes de la royauté nouvelle, c'est de n'avoir pas suivi les nécessités, les volontés, les ordres de la révolution de 1830, car il n'est rien de plus monstrueux que le crime-principe : or, le parjure à la révolution de juillet est un crime-principe d'où sont sortis tous ceux que nous avons vu se succéder depuis, la nécessité de la violence, des prisons et de la fusillade dans les rues et jusques dans les maisons. — Il fallait se jeter avec confiance dans les bras du peuple auquel on devait la couronne, et on ne l'a pas fait : il fallait choisir entre les rois de l'Europe et la nation française, et on s'est humilié devant les rois de l'Europe : pour plaire à ses bons cousins on a rompu avec le peuple qu'on tourmente chaque jour dans tous ses besoins, dans toutes ses volontés d'émancipation et de liberté.

Quant aux victimes de la royauté, ne se multiplient-elles donc pas à chaque heure, et comment peut-on nous provoquer à lescompter ? Les prisons ne regorgent-elles pas ? Allez faire à Bicêtre, à St-Michel, à Clairvaux, le dénombrement des victimes de la tyrannie : rappelez-vous le pont d'Arcole, Saint-Méry, Lyon et la rue Transnonain : comment nous appelle-t-on à pareil moment, sur un pareil terrain, quand le sang qui vient de couler n'est pas encore refroidi, ou bien ne nous demande-t-on le nombre des morts que parce qu'on sait bien que les flots de la Seine et du Rhône les ont ensevelis pour ne plus nous les rendre? (Mouvement.)

On nous a reprochés, à nous qui motivons sur des principes, sur des preuves, toutes nos paroles, toutes nos exhortations, de sacrifier le repos de nos familles au besoin de faire naître de nouvelles révolutions. — Assurément, le repos et les joies de famille nous sont chers, et il nous tarde d'atteindre le jour où chacun les goûtera dans toute leur pureté, mais l'abandon du pays pour la famille, c'est un égoïsme qui ne nous convient pas, et tout le mal du présent vient de la guerre que se font aujourd'hui les devoirs privés. La société n'aura de stabilité que lorsque les uns seront d'accord avec les autres, quand il ne faudra pas choisir entre des devoirs sacrés et déserter un camp pour occuper l'autre, quand on aura cessé de forcer les citoyens à repousser les attaques dirigées contre eux.

Mais comment espérer, nous dit-on, tant de biens que vous nous promettez? La fondation d'une république européenne, n'est-ce pas là le vœu d'une imagination malade, un de ces rêves qu'enfante le délire et qui ne se réalisent jamais?

Messieurs, pour répondre en peu de mots, nous dirons que l'une de ces imaginations malades qui ont rêvé la république européenne, c'est le génie puissant de Napoléon ; qu'une autre de ces imaginations malades qui conçoivent la république européenne, c'est le génie de Châteaubriand.

Si vous repoussez l'établissement possible d'une pareille république par les différences et les oppositions des peuples, par leur antagonisme, ne cherchez donc pas à réaliser, au profit de la monarchie, l'unité qui vous paraît impossible pour la république. Ne vantez plus l'alliance des rois, ou permettez-nous de regarder celle des peuples comme une grande et noble idée, et non pas comme le rêve d'un cerveau malade.

C'est l'alliance des peuples, c'est la république européenne qui, en laissant à chaque nation la libre satisfaction de ses besoins et de ses intérêts particuliers, les appellera toutes à jouir des bienfaits de la fraternité. Les nations seront sœurs comme les hommes sont frères : c'est cette ère nouvelle qui brisera les prohibitions et les douanes qui nous étreignent; c'est cette nouvelle ère qui fera jaillir de toutes parts mille sources de richesse inconnues jusqu'ici, et qui doublera la population des états en quadruplant ses moyens d'existence.

C'est avec une surprise profonde, Messieurs, que j'ai entendu M. le procureur-général nous reprocher de vouloir ébranler la propriété, à nous qui voulons au contraire la raffermir, la consolider et l'étendre, à nous qui voulons faire reconnaître comme propriété sacrée ce qui ne l'a pas été jusqu'à nous, le travail et l'intelligence. Moi qui ne comprends aucune société sans ordre, aucun ordre sans le libre exercice des droits de chacun, je n'ai rien compris à l'appel qu'on vient de faire aux pères de famille, aux propriétaires de rassurer, par ma condamnation, la pro-

priété ébranlée. Je porte à mes accusateurs le défi de s'expli
quer à cet égard d'une manière nette et précise: quand ils auront formulé et motivé leur accusation, j'y répondrai. Jusque-là,
je ne puis discuter et combattre ce que je ne comprends pas. (1)

C'est à nous et non à ceux qui ne comprennent pas l'avenir, et
qui veulent relever un édifice sans base, c'est à nous à faire appel aux pères de famille, aux hommes d'ordre, d'économie et de
travail, à tous ceux qui exercent leur intelligence, aux philoso-
phes, aux artistes et aux littérateurs pour qu'ils travaillent à
l'œuvre commune, car en ce moment il n'y a ni sécurité, ni honneur, ni prospérité, ni arts, ni littérature, (2) il n'y a qu'un bru-
tal et sauvage mépris de l'humanité que nous voulons réhabiliter,
et remettre en possession de ses droits.

Messieurs les jurés,

Nous ne contestons pas que nous qui sommes dévoués à la révolution de 1830, nous soyions d'une grande gêne au gouvernement actuel, parce que le gouvernement actuel veut rétrograder
vers le passé. Nous le gênons, messieurs, comme toutes les
doctrines de progrès ont gêné le stabilisme de tous les temps.
Nous le gênons comme l'établissement du christianisme et l'abolition de l'esclavage ont gêné les anciens pontifes et leurs augu-
res; nous le gênons comme la philosophie qui éclaire le monde,
gêne l'ignorance et le charlatanisme qui l'obscurcissent; nous le
gênons comme la raison et la liberté ont gêné l'inquisition et le
despotisme de tous les temps et de tous les lieux.

Toute la question entre nous est de savoir qui est dans le vrai,
qui est dans le faux. Pour les esprits éclairés la solution n'est pas
douteuse, bien qu'on fasse tout ce qu'on peut pour l'obscurcir.
Mais au moins qu'on nous laisse donc la liberté de discussion.....
Soyez tranquilles, la vérité se fera jour, car elle est pénétrante de
sa nature, et rien ne lui résiste. — N'est-ce donc pas assez qu'on
dirige chaque jour contre nous les accusations les plus grossières, qu'on nous reproche de vouloir le désordre et le pillage,
nous qui ne protestons contre l'état actuel qu'à cause du désordre
et de l'injustice qui en font un état de guerre, nous qui appelons
la paix de tous nos vœux et de tous nos efforts ! — Pourquoi donc
si vous avez la vérité pour vous, ajouter encore à cette toute-
puissance, l'amende et la prison ?

Quoi? c'est vous qui dites vrai, et vous appelez à votre aide la
violence ! mais c'est une folie, car Dieu ne veut pas que la vérité
ait besoin de pareille assistance. — Peuple, défie-toi d'une vérité
à laquelle il faut l'aide du geolier, le secours du bourreau ! — Si
vous dirigez vos glaives sur la poitrine de ceux qui sont sans défense, si vous chargez de fer les bras de ceux qui n'ont pour
arme que leur pensée, que leur parole, que leur plume.... oh !

(1) L'accusation n'a pas accepté le défi, car elle n'a plus dit un mot de ce
grand épouvantail des esprits faibles que chacun commence heureusement
à juger pour ce qu'il vaut.

(2) M. le procureur-général avait terminé son réquisitoire par un appel
aux pères de famille, aux hommes d'ordre, aux littérateurs, etc., pour le
inviter à rassurer la société ébranlée.

la vérité n'est pas avec vous, mais c'est vous au contraire qui craignez la vérité ; c'est vous qui voulez l'étouffer !

Messieurs les jurés, on nous reproche de nous montrer peu respectueux envers les grands de ce monde. Nous avons beaucoup de respect pour les principes qui moralisent les hommes ; nous en avons peu pour les hommes de cette époque qui ont besoin d'être régénérés. Nous brûlons d'atteindre le temps où l'humanité sera rétablie dans ses droits et se montrera ce qu'elle doit être aux yeux de tous, digne d'amour et de respect.

Mais ici, de quoi se plaint-on ? Nos griefs, à nous, sont plus graves que ceux qu'on se plaît à faire valoir.

La majesté du peuple a été bien autrement outragée, depuis quelque temps, que la majesté du trône, et vous savez pourtant bien qu'il n'y a plus de majesté du trône sous le règne de la souveraineté du peuple. Il y a en France un homme qu'on appelle roi, mais il n'y a plus aujourd'hui qu'un seul *souverain*. « Ce » *souverain* qui est la source de tous les pouvoirs, qui ne meurt » jamais, qui retire et ôte les couronnes, c'est *le peuple*. » — Et pourtant on nous parle sans relâche de l'inviolabilité du prince, et jamais de celle du peuple ; on exécute sans cesse les volontés du prince, et point celles du peuple. On nous demande des réparations à nous qui soutenons les droits du peuple, et le peuple, on l'écrase, on le violente ; toutes les prisons regorgent de ses enfans ; il réclame la liberté qui est son droit, et on ne lui répond que par des fers.

Ah ! je pourrais m'écrier ici comme je l'ai fait devant le jury de Moulins : « Je vois bien partout des commissaires du roi pré- » posés à la garde de son honneur, mais je ne vois nulle part des » commissaires du peuple qui aient mission de faire respecter » ses droits. »

Messieurs, laissez la lutte égale : que chacun puisse faire un libre usage de son intelligence, c'est ce que veut l'équité, c'est ce que veut la nature ; ne vous révoltez pas contr'elle.

Prenez en pitié le temps présent, mais venez à son secours au lieu d'en augmenter les misères. Il n'est pas possible que vous ne voyiez rien dans cette hospitalité de la France à toutes les nations, maternité féconde, retrempement général de tous les sentimens généreux et de toutes les nobles pensées, école de générosité, d'amour de l'humanité, foyer ardent où se prépare la régénération du monde.

Il n'est pas possible que vous restiez froids en présence d'un pareil travail ; que vos cœurs qui ont battu pour nos grandes victoires ne battent pas encore sous les brûlantes inspirations d'un avenir qui va s'épanouir au premier matin.

Ouvrez donc les yeux ! Que de tristesse aujourd'hui ; mais demain quelles fêtes, quelles consolations, quelle fraternité parmi les peuples, que de chants de victoire, que de bonheur ! Quelle douceur de mœurs, que de paix et de concorde au lieu de l'éternelle guerre qui divise, de la haine qui outrage et du sang qui rougit la terre !

Voilà ce que nous annonçons et ce que nous prédisons, non comme des fanatiques, mais par le secours de l'étude, par les lumières de l'histoire, par le puissant amour de l'humanité qui nous anime, par notre soif du bien et de la paix, par notre haine du mal et de la violence.

Deux principes se divisent le monde; celui de la particularisation, de l'égoïsme, et celui de la généralisation, de la fraternité humaine.

Nous, nous sommes les généralisateurs comme Christ l'a été dans son temps.

Dieu est en nous comme il était en lui; Dieu, c'est-à-dire, le principe du progrès humanitaire, la force qui pousse l'humanité en avant comme celle qui fait grandir chaque homme.

Ne nous condamnez pas, car ce serait chose impie.

M. l'avocat-général Jallon prend la parole, et combat avec beaucoup de talent oratoire sinon avec une grande puissance de vérité, les argumentations et les doctrines du prévenu.

RÉPLIQUE DE M. JALLON.

M. l'avocat-général annonce qu'il repoussera les impressions et les principes dangereux qu'on vient de chercher à répandre; mais avant tout il s'étonne que le prévenu se plaigne qu'on l'ait mis dans la nécessité de se présenter sans défenseur.

Il a prouvé, continue l'orateur, qu'il n'en avait pas besoin, et n'aurait-il pas, d'ailleurs, trouvé dans les lumières et dans le zèle du barreau de Riom tous les conseils qu'il aurait pu désirer? — Il voulait être défendu par un avocat suspendu : la cour ne pouvait y consentir, et le prévenu a tort de se plaindre des violences de la magistrature, quand il doit savoir qu'elle n'aurait nullement gêné son choix, pourvu que ce choix n'eût point constitué une violation de la loi. Il doit savoir aussi que, connaissant son mauvais état de santé, après un premier renvoi de son affaire déjà motivé sur une maladie, nous étions encore disposés à demander, s'il l'eût voulu, un nouvel ajournement. Qu'il cesse donc de parler de nos violences, et qu'il reconnaisse plutôt la longanimité d'un parquet qui, depuis une existence de près de quatre années du *Patriote du Puy-de-Dôme*, appelle aujourd'hui pour la première fois son rédacteur devant cette cour d'assises (1).

Il aurait pourtant pu le faire, assurément, en plus d'une circonstance; mais il lui a été impossible de s'abstenir quand on a osé attaquer le caractère du souverain, son honneur et les droits qu'il tient du vœu de la nation. En présence d'une guerre aussi violente, une plus longue indulgence n'eût été de la part du parquet qu'un oubli de ses devoirs.

Messieurs, il n'est rien qui soit à l'abri des injures et des mépris du parti qui prétend avoir seul la faculté de prévoir et d'*organiser* l'avenir. Ses classifications sont aussi amères pour ses adversaires, que bienveillantes pour lui-même. La pensée qu'il appelle libre est l'objet de son culte : celle qu'il qualifie

---

(1) Si nous n'avons pas encore comparu devant la cour d'assises de Riom, nous avons été à plusieurs reprises poursuivis par les parquets de Clermont et de Riom, et envoyés entr'autrefois devant la cour d'assises de St.-Flour qui nous a acquittés.

d'esclave et de salariée , il déverse sur elle les expressions les plus outrageantes , et il ne craint pas d'envelopper dans sa réprobation les écrivains qui ont rendu le plus de services à la cause de l'ordre et des lois , et qui ont le plus de titres à la reconnaissance nationale. C'est ainsi qu'on a cherché à flétrir le *Journal des Débats* , dont il est de notre devoir ici d'invoquer les honorables antécédens , et à la rédaction duquel concourent tant de littérateurs distingués , et tant d'hommes consciencieux que l'estime des hommes de bien venge de tout le fiel qu'on voudrait déverser sur eux.

Nous déplorons autant que qui que ce soit le malheureux événement qui a privé le pays et l'assemblée législative d'un honnête homme , d'un jeune député qui ne s'était fait connaître que par l'urbanité de son caractère , et par des droits acquis à l'affection de ses concitoyens ; mais pourquoi donc reprocher sa mort à ceux qui en sont innocens ? Pourquoi donc , au lieu de reproduire les récits des journaux de Paris , exciter les passions du public par des réflexions outrageantes pour les caractères les plus honorables ?

M. de Rumigny , qu'on vient d'attaquer avec tant de vivacité , est un homme d'honneur : on l'a cruellement calomnié lorsqu'on a voulu le transformer en vil instigateur d'une vengeance particulière. Les rapports d'amitié et de confraternité d'armes qui unissaient M. de Rumigny et le général Bugeaud , expliquent suffisamment son assistance sur le lieu du combat.

M. l'avocat-général repousse les soupçons que le prévenu a fait remonter , dit-il , jusqu'à la personne du roi. Le roi ne s'est mêlé de ce triste événement que pour déplorer le duel, que pour plaindre le vainqueur, que pour gémir sur la mort du vaincu. Ainsi, messieurs , d'après les assertions coupables du *Patriote* , on avait soif du sang de M. Dulong ; victime désignée, M. Dulong devait expier en sa personne les injures qui fatiguaient le ministère ; deux militaires , hommes d'honneur, n'étaient, selon ce journal , que deux duellistes assassins, et non content de tuer la vie morale de ces citoyens honorables , il fallait au *Patriote* , il fallait à la calomnie une victime plus auguste , un roi pour penser le crime et pour l'ordonner. N'est-ce pas , MM. les jurés , le plus cruel de tous les outrages ?

Mais , s'il est vrai, comme on le dit , que l'habileté du général Bugeaud soit si grande dans l'arme dont il a fait usage , s'il est vrai que cette adresse fût chose si notoire , les témoins qui ont souffert le combat ne seraient-ils pas les premiers coupables , bien plus coupables que ceux qu'on accuse ?

Enfin , messieurs , on s'étonne que M. de Rumigny n'ait pas répondu à une lettre de M. Carrel. Cette lettre , nous ne le nions pas, était une provocation qui a été refusée , et qui l'a probablement été *par ordre* , car vous n'avez pas oublié que le général de Rumigny s'éloigna alors pendant quelque temps de la France , par respect pour une auguste volonté qui exigea de lui ce sacrifice.

Arrivant , comme il le dit, AUX ENTRAILLES DE LA CAUSE , l'avocat-général reproche au prévenu de ne rien respecter , de tout livrer , hommes et lois , au mépris public ;

de rendre tout gouvernement impossible, et d'attaquer le principe de toute stabilité , c'est-à-dire l'inviolabilité du roi.

On nous parle tous les jours du peuple , dit-il, on le désigne à notre respect quand on ne fait qu'appeler le mépris et la haine sur les tê es les plus augustes. On ne veut rien faire qu'au nom du peuple. Eh bien ! en 1830 , quand la révolution se fit , ce n'est pas le peuple qui descendit dans la rue , c'est la nation. (Rire universel.)

Alors , c'était au nom de la charte qu'on se battait , c'était au nom des lois.

On accuse le gouvernement de despotisme.... Du despotisme! Ah ! s'il en eût jamais voulu , il aurait pu en faire, il le pourrait, sans doute , protégé qu'il est par le dévouement de l'armée et des gardes nationales de France (murmures dans l'auditoire); favorisé qu'il est encore par la lassitude et l'effroi qu'inspirent les révolutionnaires , il aurait pu s'emparer d'un pouvoir plus étendu ; mais le pouvoir n'en veut pas accepter d'autre que celui qu'il tient des lois ; toute autre pensée , il ne l'a jamais conçue , il la repousse avec horreur !...

L'état de siége est l'éternel argument de nos adversaires. L'état de siége !.,.. mais avez-vous oublié quand il fut décrété et à quels périls il s'agissait de faire face ? Il est des situations où il faut sauver l'état, c'est ce qu'a fait notre royauté constitutionnelle , et c'est ainsi qu'elle a mérité la reconnaissance de la nation.

On vous a parlé de la cruauté du pouvoir , et de l'absence de toute grâce politique. Mais qu'on nous cite donc une seule tête politique qui ait roulé sur l'échafaud depuis 1830 ! Ne sont-ce pas des grâces que ces commutations de peine en faveur de ceux qui avaient été condamnés à mort ?

On a cherché à tirer parti d'une lettre dont nous ne suspecterons pas la sincérité , mais où se trouve révélé un plan de conduite qui n'a jamais pu appartenir à ceux auxquels on l'attribue. A cette lettre , où on déroule un projet de M. Gisquet , de laisser prendre position et avantage aux républicains pour les anéantir ensuite jusqu'au dernier , nous opposerons LE MONITEUR (on rit) , qui avait prédit trois jours d'avance les événemens de Paris , en conjurant les ennemis du gouvernement de ne point en courir la chance.

Examinez , messieurs , quelles sont les véritables causes des désordres qui nous agitent ; voyez, à Lyon, le parti républicain descendre dans la rue, faire ses proclamations , (elles sont dans nos mains), et livrer la patrie à tous les excès de nouvelles révolutions. Ne perdez pas de vue ce que nous ont coûté celles qui se sont accomplies.

On s'est autorisé pour la justification de l'article incriminé, du silence qu'aurait gardé la Cour royale de Riom à l'égard d'un autre article contenant les mêmes pensées et publié lors des troubles d'Aurillac.—Mais est-il donc étonnant que poursuivant déjà le *Patriote* pour les faits d'Aurillac, la Cour n'ait pas voulu entamer en même temps un second procès ?

Enfin , messieurs , nous arrivons à la dernière phrase de l'article incriminé , contenant sinon des vœux de mort, au moins la possibilité du régicide. Or, la France ne tue pas ses rois anjour-d'hui, elle professe pour eux la vénération et l'amour qui leur sont dûs. (Murmures dans l'auditoire).

On ne niera pas, tout au moins, qu'il n'y ait dans ces dernières paroles un cachet de blâme contre la royauté. Or, il est des ins-titutions si hautes qu'il n'est pas permis de les blâmer , car le blâme alors peut devenir la source des plus criminels égare-mens. -- On commence par tromper le peuple par des mots pour l'enivrer ensuite avec du sang.

On s'est autorisé des paroles de Napoléon et de Châteaubriand pour prédire la république, mais on voudra bien se rappeler que celles de Napoléon ont été prononcées dans l'exil, et que ce n'est pas lui qui se serait adressé à un jury pour demander la con-damnation d'un journaliste.

L'avenir qu'on nous a dépeint pourrait être séduisant s'il était possible , mais QUE VOULEZ-VOUS FAIRE DE NOUS AVEC NOS MOEURS DÉCRÉPITES ET AVEC NOTRE CARAC-TÈRE DÉGUENILLÉ ? -- En vérité, nous sommes un peuple bien extraordinaire et bien léger, toujours disposé à blâmer et à déchirer. -- Si vous voulez réformer les mœurs, répandez donc d'abord l'amour du travail et les vertus de famille.

Messieurs, les principes qu'on vient de soutenir ont été déve-loppés avec trop de chaleur , pour que nous en suspections la sincérité, mais vous déplorerez qu'on emploie tant de persévé-rance à les répandre , qu'on enlève la jeunesse à des études sérieuses pour les lui faire partager, et s'ils vous paraissent aussi dangereux qu'à nous, vous saurez vous acquitter de votre de-voir.

Nous ne sommes pas assez versés dans l'étude et dans les ma-tières de haute politique pour nous livrer ici à toutes les discus-sions dont on vient d'éveiller la lutte , mais nous en appelons à votre bon sens et à votre équité: ce sont des guides assez sûrs pour ne point faillir.

Songez, si le crime vous est démontré, songez au danger de l'impunité et à la nécessité d'une répression légale.

RÉPLIQUE DE M. TRÉLAT.

Messieurs les jurés :

On vient de s'élever avec talent et avec une vive chaleur contre la discussion de principes, contre la profession de foi que je vous ai présentées tout-à-l'heure. Plus d'une fois, on m'a entraîné sur un terrain brûlant : ce n'est pas moi qui y ai provoqué. Je ne l'aborderai qu'autant que je ne pourrai pas m'en dispenser. Je ne vous promets pas d'être froid , mais je veux être calme, je le serai. Notre cause est trop belle , trop forte et trop vraie pour avoir besoin du secours de la passion. Nous ne sommes plus au temps de l'humanité où il fallait recourir au merveilleux et frap-per l'imagination des hommes pour les entraîner. Alors la vérité brillait dans un trop petit nombre d'intelligences pour qu'on dût en appeler aux lumières de la seule raison ; il fallait donner la fièvre aux hommes pour qu'ils vissent clair. Ce temps était celui de l'illuminisme et des prophètes. Le nôtre est celui de la raison publique. Cette époque si désastreuse par ses violences est heureuse et consolante en ce qu'elle a cessé d'être celle des fictions. Tous les esprits peuvent nous comprendre, et c'est un crime aujourd'hui que d'envelopper sa pensée du moindre voile.

Il y a deux parties dans cette cause : l'incrimination des articles, question étroite et de peu de valeur, puis celle de presse, de liberté de la pensée, question importante et digne de votre attention, élément de vie de notre siècle, qui doit éveiller tout votre intérêt et toute votre religion. Je m'occuperai successivement de l'une et de l'autre.

Et d'abord : on s'est fait un grief contre moi de ce que je n'ai pas cherché un défenseur dans le barreau de Riom. On a paru me présenter à ce barreau comme ayant désespéré de ses lumières et de son dévouement....

M. L'AVOCAT-GÉNÉRAL : Vous vous êtes mépris sur mes paroles.

LE PRÉVENU : J'en ai parfaitement compris le sens et je les ai notées.

LE PRÉSIDENT : Il m'appartient de donner à cet égard quelques explications, puique c'est moi, qui après m'être éclairé de l'avis de mes collègues, ai refusé au prévenu l'assistance d'un avocat suspendu. Il nous a paru que ce serait éluder un arrêt de suspension, et nous avons pensé et nous pensons encore qu'il est de notre devoir d'exécuter et de faire respecter la loi.

M. TRÉLAT : Ces explications n'infirment en rien ce que j'ai dit et ce que j'ai à dire. Loin de moi, la pensée d'avoir désespéré des conseils et du dévouement du barreau de Riom. Je sais et j'ai pu acquérir dans ces derniers temps, comme aujourd'hui même, la preuve que j'aurais été défendu avec zèle et beaucoup mieux assurément que je ne puis le faire moi-même, par des avocats de ce siège, mais j'ai voulu, j'ai dû protester contre une violence...

LE PRÉSIDENT : Une violence !

M. TRÉLAT : Il ne s'agit pas ici d'une violence physique, assurément, mais il y a des violences de différente nature : nous, nous appelons violence tout ce qui gêne l'homme dans la conservation ou dans la défense de ses droits. C'en est une que de m'avoir ôté l'appui de M. Dupont en qui ma confiance était placée, de M. Dupont qui, dépouillé de sa robe, de son état par un arrêt que je ne me permettrai pas de qualifier, rentrait dès lors dans le droit commun sans rentrer pour cela en possession de son état, et pouvait bien comme tout citoyen peut le faire en matière criminelle, me prêter à titre d'ami ses conseils et son assistance. J'ai pensé qu'il était de mon devoir de résister à cette violence, et de venir ici tout seul plutôt que de m'y soumettre. Voilà tout.

On m'a fait un autre reproche qui ne m'a pas causé moins de surprise. On m'a presqu'accusé de m'être présenté à cette session encore mal-portant quand on voulait bien renvoyer mon affaire à une autre.

M. L'AVOCAT-GÉNÉRAL dit qu'il n'a pas été compris.

M. TRÉLAT : Je vous ai parfaitement compris.

Remarquez bien que je ne me plains pas de n'avoir pas eu

assez de temps pour préparer ma défense. Je suis prêt et je n'ai pas voulu dire que je suis encore malade quand il est vrai que je ne le suis plus. Je n'ai pas voulu mentir. C'est ici une affaire de loyauté. Je ne me plains de rien. De quoi vous plaignez-vous donc ?

Arrivons, Messieurs, à des choses plus sérieuses. -- Je m'attendais peu à voir intervenir ici une chaleureuse défense de l'honneur et de la moralité du *Journal des Débats* constamment dévoué depuis une trentaine d'années à tous les gouvernemens et à toutes les doctrines du jour. — Rien de plus noble, Messieurs, à vos yeux comme aux nôtres que la profession de l'écrivain qui publie sa pensée libre, mais aussi rien de plus vil et de plus abject que celui qui ne pense et qui n'écrit que comme on lui ordonne de le faire. Le *Journal des Débats*, après avoir été révolutionnaire, devint l'esclave de l'empire ; en 1814, il s'humilia aux pieds des cosaques, il appela les nobles débris de nos armées malheureuses *les brigands de la Loire*, et puis maintenant il parle avec une admiration tout aussi sincère que l'étaient ses protestations passées, de la gloire du grand homme et de ses illustres armées.... Notez bien que ce journal n'a pas changé de rédacteurs ; que ce sont toujours MM. Bertin qui le dirigent, et qui lui impriment la moralité de leur caractère.

L'honneur du *Journal des Débats !* Mais à qui parle-t-on ? Ne connaissons-nous pas la question tout entière, et n'a-t-on pas publié les listes d'émargemens des sommes reçues pour payer de si bons et de si variables services !

Après cette question de moralité en vient une autre. M. l'avocat-général s'est étonné que le *Patriote du Puy-de-Dôme* ne se soit pas borné à répéter les paroles des journaux de Paris sur la mort de Dulong. Je répondrai à M. l'avocat-général, que ce n'est pas ainsi que nous considérons notre devoir et notre mission. Nous ne sommes point un journal sceptique mais un journal de conviction et de foi : nous recherchons partout l'expression de la pensée publique, mais nous soumettons tout à notre conscience, et quand nous ne pensons pas comme la presse de Paris ou de tout autre lieu, nous le disons librement et nous ne faisons là que notre devoir.

Après avoir pris la défense du *Journal des Débats*, on s'est livré à celle de M. de Rumigny (1), et on a essayé de jeter quelque incertitude sur les faits dont je vous ai donné connaissance. Ils sont consignés dans ce livre que je tiens à la main, et ils ont été publiés par tous les journaux, au moment du procès de l'arcade du pont des Arts. Il en résulte que M. de Rumigny remplissait des fonctions de police qu'il conserve encore, et qu'il essaya d'organiser un complot dans le sein de l'artillerie parisienne, pour lui faire enlever ses pièces.

S'il a dénoué sa cravate, dit-on, à l'une des audiences du procès des 19, et comme un homme qui étouffe, c'est qu'il éprouvait une juste colère en présence d'allégations injurieuses, c'est

_____

(1) Il est assez remarquable que M. l'avocat-général ait montré fort peu d'empressement à défendre l'honneur de M. Bugeaud que nous n'avons pourtant pas plus ménagé que son accolyte.

qu'il était mal-à-l'aise au milieu de l'air qu'empoisonnait une lâche calomnie.

Messieurs, cette phrase peut être élégante, mais on ne connaît pas les hommes dont on parle. Ceux qui auraient ourdi alors une lâche calomnie sont : un membre de la commission des récompenses nationales, un avocat justement honoré du barreau de Paris, un vieux militaire criblé de blessures, et 19 accusés, tous combattans de Juillet, tous acquittés par le jury.

Pour justifier le ministère, le parquet a cherché à expliquer comment la lettre de M. Dulong, après avoir été retirée, a pu être publiée en province, et il a fait retomber cette insertion sur un journaliste des actes duquel il n'a pas à répondre. Mais il a donc oublié qu'il s'agit du *Journal de Paris* qui est le journal du château, et de M. *Léon Pillet*, l'ami, le familier de la maison. M. Léon Pillet fit relever le ministre à deux heures du matin, obtint de lui un ordre de saisie pour empêcher sa feuille de partir, et pourtant la lettre fut publiée en même temps à Lille, à Orléans, à Lyon, à Marseille.

Quant aux mots, PAR ORDRE, sur lesquels on est revenu, rappelez-vous que je vous ai, par le témoignage de M. Teste, prouvé l'aveu de MM. Dargout et Léon Pillet, que l'article qui a causé le duel et la mort de Dulong, a été inséré PAR ORDRE du ministre de la guerre. — J'ai dit alors ce qu'a dit toute la France, et que faudrait-il donc penser de la France, si à la nouvelle de la mort de Dulong et de toutes ses circonstances, un long cri de douleur et d'indignation ne se fût élevé de toutes parts?

Comparez ce que j'ai dit à cette phrase adressée à Dupont de l'Eure, par une députation de trois mille citoyens présens, qui se sont empressés de se rendre à son domicile dès qu'on sut son arrivée à Paris.

« Mais ce qui rendait surtout nos regrets plus amers, ce qui » pénétrait nos cœurs d'un profond sentiment d'indignation, c'é- » tait la clameur qui révélait à chacun de nous l'existence d'une » odieuse trame ; c'était la voix accusatrice de l'opinion publique » qui criait qu'un bras invisible avait conduit cette intrigue de » sang, et que si le hasard avait offert la victime, l'animosité et » l'ingratitude en avaient consommé le sacrifice. »

Dans sa réplique, M. l'avocat-général a commis une singulière méprise. Il s'est donné beaucoup de peine à combattre successivement, comme miennes, les pensées du *Journal des Débats*, blâmant M. de Rumigny d'avoir quitté son poste ; du *Patriote du Calvados* et de plusieurs autres journaux disant que M. de Rumigny était la seule cause de la perte de Dulong, et que cette mort était une vengeance, un complot.

Moi je n'ai pas dit cela, moi je ne veux pas pénétrer dans les profondeurs ténébreuses d'une politique que je ne comprends pas, mais si j'avais à justifier ceux qui ont parlé de complot, de vengeance et à répondre à cette question qu'on m'adresse : « Quel intérêt avait-on à la mort de Dulong » ?.... peut-être répondrais-je alors que Dulong était le parent et l'ami de Dupont de l'Eure.

Arrivant aux témoins du duel, M. l'avocat-général s'est étonné, puisque l'adresse de M. Bugeaud était chose si notoire, que ces témoins aient laissé commencer le combat. Je regrette de ne point avoir ici le numéro du *Patriote* qui suit celui-ci et dans lequel j'ai exprimé la même pensée. Il est hors de doute, messieurs, que les témoins du duel ne connaissaient pas l'habileté redoutable de M. Bugeaud, car alors ils seraient bien coupables puisque ce duel n'était plus un combat : c'est un autre nom qu'il faudrait lui donner. Ce n'est que depuis ce moment que des révélations sont arrivées sur la force extraordinaire de M. Bugeaud toujours sûr de *tuer son homme à 40 pas*, ainsi qu'on a l'habitude de le dire en termes bien propres à qualifier un acte aussi odieux que le duel.

Arrivant aux entrailles de la cause, comme on vient de vous le dire en style de messire Jean de Broë, on a demandé comment un gouvernement serait possible avec le système d'attaques dirigées contre lui. Moi, je dis qu'en effet un gouvernement pareil à celui que nous avons n'est pas long-temps possible, et qu'il serait bien malheureux qu'on n'en fît pas sentir les vices.

M. l'avocat-général vous a parlé de l'inviolabilité du roi, et vous a dit qu'il n'était jamais permis d'examiner et de contrôler les actes du prince. Nous prions M. l'avocat-général de se rappeler que la royauté actuelle doit son existence à la violation de l'inviolabilité royale. (Rire général). Il est donc permis, il est donc bien quelquefois de violer cette inviolabilité, s'il est vrai que la France doive à cette violation la possession d'un roi de son choix. (On rit).

Une distinction que je n'ai pu saisir, c'es celle que M. l'avocat-général a faite du peuple et de la nation. (On rit.). J'avoue que pour moi comme pour beaucoup d'autres, le peuple c'est la nation et la nation c'est le peuple. Je ne connais à cet égard ni aucune différence ni aucun moyen terme depuis la glorieuse abolition des trois ordres.

On n'a pas été plus heureux dans la preuve qu'on a essayé de fournir des nécessités de l'état de siége. Ces prétendues nécessités avaient disparu quand on l'a décrété, car il ne faut pas oublier que le combat était fini depuis plus de 24 heures, et que le roi Philippe avait déclaré aux trois députés qu'on le lui avait conseillé, mais qu'il n'y recourrait pas. C'est donc bien à froid et sans autre but que celui d'exploiter ce qu'on regardait comme une victoire, que Paris fut mis en état de siége après le six juin.

Oh ! si le gouvernement eût voulu du despotisme, s'est-on écrié, il s'en fût procuré et il s'en procurerait encore à souhait avec l'affection des gardes nationales. -- Ceci est plus que douteux, car pourquoi donc les licencierait-il si souvent s'il pouvait compter sur elles? Et qu'est-ce que le despotisme si ce n'est imposer sa pensée personnelle à un peuple en dépit de tous les avertissemens et par tous les moyens possibles ?

Où donc est, nous a-t-on dit, la tête politique qui a roulé sur l'échafaud ?

Messieurs, je ne me serais pas attendu à cette question après les foudroyantes paroles que leur a opposées Achille Roche devant le jury de Moulins.

Les paroles de Roche avaient pour elles l'autorité que leur prête une conscience d'honnête homme ; elles ont aujourd'hui pour elles la majesté de la tombe, et je vais les en exhumer puisqu'on m'y provoque. Je vous dirai donc avec Roche, que si on n'a fait tomber aucune tête politique, c'est qu'on ne l'a pas pu. L'échafaud a été dressé pour tuer Lepage et Cuny, mais le peuple de Paris s'est trouvé sur la place et n'a pas permis le meurtre.

« Gloire donc et reconnaissance au peuple de Paris, s'écriait
» Roche ! Mais comment ose-t-on parler de la magnanimité du
» roi ? Les faits sont connus et trop connus ! On n'a certes pas
» d'actions de grâces à lui rendre. Il a voulu faire tomber des
» têtes..... il ne l'a pas pu. »

Mais on a trouvé aujourd'hui, pour tuer , un moyen plus expéditif et plus large que le bourreau. Savez-vous combien de condamnés politiques la restauration a tués pendant ses quinze ans de durée ? 102. Savez-vous combien on a frappé de Français depuis quatre ans , dans les émeutes , au pont d'Arcole, à Saint-Méry , à Lyon et à Paris ? Dix mille , peut-être. La différence est grande.

Et pourtant c'est un grand malheur pour la restauration que que d'avoir fait tomber 102 têtes politiques sous la hache du bourreau ; car les têtes humaines ne se comptent pas , et personne, personne n'a le droit de les frapper. Vous ne savez pas , quand vous en désignez une , combien il a fallu de temps à Dieu pour la former , et si ce n'est pas celle qui renferme la pensée du siècle, impies que vous êtes !

On a cherché à faire retomber le reproche des malheurs du pays sur les républicains, qui les prédisent depuis quatre ans , qui emploient tous leurs efforts à les prévenir, et on vous les a présentés comme les auteurs des épouvantables événemens de Lyon......

M. l'avocat-général réclame.....

M. *Trélat*, continuant : Vous avez dit qu'ils étaient descendus dans la rue , vous avez parlé de leurs proclamations....., Cela n'est pas , cela n'est pas, vous dis-je, l'affaire de Lyon est le résultat d'un débat purement industriel, pareil à celui de Manchester, de Liverpool et de Birmingham. Ce sont des ouvriers qui ne gagnent pas de quoi vivre, et qui sentent qu'ils valent mieux que la condition qu'on leur impose. C'est moins encore la faim qui les pousse que leur dignité humaine, qui demande satisfaction. Savez-vous pourquoi un quart peut-être de la population des femmes, celles qui n'ont pas le bonheur de naître au milieu de toutes les douceurs de la richesse, vivent dans la misère et dans tous les maux qu'elle engendre, c'est qu'elles ne gagnent pas de quoi vivre honnêtement et honorablement ? Savez-vous que la dégradation et la misère sont les causes les plus puissantes des mauvaises actions ?. Eh bien ! de pareilles nécessités ne conviennent plus à la génération présente. Elle veut être honorée, parce qu'elle sent qu'elle est digne de l'être , et c'est ce besoin, c'est cette volonté de notre époque qui en font toute la moralité.

Messieurs, je vous présente mes pensées sans ordre, parce que je suis forcé de suivre le ministère public dans son accusation.

On a dit que si on n'avait pas poursuivi mon article sur les troubles d'Aurillac, en tout semblable aux passages incriminés de celui que m'a inspiré la mort de Dulong, c'est qu'on n'avait pas voulu faire deux saisies, deux procès. Eh bien! ici encore on s'est étrangement trompé. Mon article et la lettre d'Aurillac racontant les événemens qui s'y sont passés étaient dans le même numéro. Il avait été incriminé tout aussi-bien que le récit, et la cour royale l'a écarté de la plainte en renvoyant la lettre devant la cour d'assises. C'est encore une erreur grave du ministère public qu'il m'importait de relever.

En admettant, messieurs, qu'on ne voye dans la dernière phrase incriminée de mon premier article qu'un vœu de pardon et de magnanimité, on y trouve tout au moins, dit-on, un cachet de blâme des actes de la royauté. C'est ce que je suis loin assurément de nier, et nous ne serions pas de notre siècle, si nous renoncions à dire ce que nous pensons de certains hommes, parce qu'ils seraient princes ou rois. — En vérité, les préceptes qu'on a essayé de poser tout-à-l'heure sont de quelques centaines d'années en arrière. Quoi donc! dans cette ère de franchise et de vérité il ne nous serait pas permis de dire qu'une chose est bien ou mal, parce qu'elle émanerait d'un homme revêtu du manteau royal! Oh! cela n'est pas possible : le temps de la majesté du trône est passé, et ceux qui nous disent aujourd'hui qu'il n'est pas permis de qualifier un acte royal ont oublié que *sous les plus beaux temps de la monarchie absolue* on a dit la vérité aux rois. Bossuet, Massillon, Bourdaloue ne les ménageaient pas toujours ; les parlemens faisaient quelquefois leur devoir. Il s'est trouvé des hommes pour leur dire que « Le silence des peuples est la leçon des rois, » Et un vicomte d'Othe pour leur répondre : « Qu'il n'avait que des soldats, et pas un bourreau. »

Vous n'avez pas réfléchi à ce que vous disiez tout-à-l'heure. Supposez que nous ayons pour roi, car enfin cela serait possible un jour, supposez que nous ayons pour roi un Louis XI, un Charles IX, un Néron, un Tibère, un de ces monstres qui déshonorent l'humanité......

M. le président : Prévenu, vous attaquez le caractère du roi. (Etonnement et rires dans l'auditoire; le parquet semble partager cet étonnement.

Le prévenu : Nullement, M. le président, je ne parle pas du temps présent, mais de l'avenir et des choses possibles, car enfin il n'est pas donné à tout honnête homme d'avoir pour fils un homme aussi honnête que lui; nous mêmes, pères de famille, nous pouvons éprouver le malheur d'avoir des enfans qui se déshonorent, et je ne sache pas que les rois, malgré l'éclat de leur couronne et les complimens des flatteurs, soient à l'abri de cette calamité. Eh bien! nous humilierions-nous en présence d'un monstre ? Comment qualifieriez-vous l'homme qui dirait de lui ce qu'il pense, et que diriez-vous des misérables qui l'encourageraient par leurs caresses à marcher de crime en crime ?

Oh ! le temps est venu de dire la vérité, de la dire aux rois comme aux simples bergers, et nous ne voyons pas, maintenant que la royauté n'est plus qu'une magistrature, ainsi qu'on vient de nous le confesser, pourquoi nous ne surveillerions pas aussi-bien ses actes que ceux d'un maire, d'un préfet ou d'un juge de paix.

La France, vient-on de nous dire, ne tue pas ses rois. Messieurs, la France ne voudrait tuer personne, et il lui tarde de s'affranchir des systèmes et des hommes sous lesquels on fait couler tant de sang. Il lui tarde de ne plus être à la merci de ceux qui méprisent le peuple et qui s'écrient, par exemple, comme on l'a fait tout-à-l'heure : « Le peuple, on commence par l'égarer » par des mots : on l'enivre ensuite avec du sang ! » Pauvre peuple, qui donnes tous les jours l'exemple de tes vertus et de ton courage, c'est ainsi qu'on te calomnie ! Souvent tu as faim, jamais tu n'as pillé l'or des riches, et on dit de toi que tu es une bête féroce qu'il faut museler, et dont il faut avoir grande défiance !

Eh bien ! moi je l'ai vu, ce peuple que vous ne connaissez pas et que vous outragez, je l'ai vu dans ses grands jours et j'ai admiré ses vertus et sa magnanimité. En Juillet, on se battait avec courage dans les rues de Paris, mais on n'y tuait pas ses prisonniers, et quand un ouvrier et un Suisse s'étaient ajustés chacun pendant une demi-heure, et que le Suisse était vaincu, l'ouvrier le couvrait de son corps en s'écriant : c'est mon Suisse celui-là, malheur à qui le touche ! (Mouvement.)

Savez-vous bien qu'à cette époque de souveraineté du peuple, dans cette grande ville de Paris où tant de crimes se commettent chaque jour, il n'y eut pas un seul vol, pas un seul crime tant que le pouvoir fut aux mains du peuple. C'est qu'alors que toutes les nobles passions humaines sont excitées, il n'y a plus place au cœur pour les mauvais sentimens.

C'est ce qui prouve que le germe de la vertu ne meurt jamais au fond des âmes les plus corrompues : c'est ce qui nous donne espoir et courage pour guérir les consciences les plus gangrénées.

Hélas ! ce bonheur que je viens de vous peindre n'a duré que quelques heures. Dès qu'on eut reconstitué ce qu'on appelait *ordre public* (et on a écrit en traits de sang sur les bords du Rhône et de la Seine ce que c'est que cet ordre public), il n'y eut plus rien de cette grande et solennelle révélation.

On a cru combattre notre république européenne en nous disant que Napoléon ne l'avait entrevue que dans l'exil ; mais messieurs, c'est dans l'exil et dans l'adversité qu'on voit vraiment la vérité, parce qu'alors on est libre des illusions du pouvoir et des conseils empoisonnés des flatteurs. — Napoléon est tombé parce qu'il ne s'est pas appuyé sur le peuple, et il l'a reconnu plus tard.

Ce n'est pas lui, nous dit-on, qui se serait adressé à un jury pour demander la condamnation d'un journaliste. — Non assurément, mais pour de fort bonnes raisons. D'abord, c'était une époque guerrière qui n'avait rien de commun avec celle-ci. L'éclat de nos victoires consolait les citoyens de la perte momenta-

née de leur liberté. Le grand homme, en paraissant reconstituer
le pouvoir, ne faisait réellement que briser tous les trônes : les
couronnes royales s'effeuillaient sous sa main plébéienne ; il semait
dans toute l'Europe les idées de civilisation et de liberté ; il pré-
ludait plus qu'on n'aurait pu le croire à la régénération qui se
prépare.

Mais sous lui il n'y avait pas de liberté de la presse : le journa-
lisme n'existait pas, comment auriez-vous voulu qu'il fît condamner un journaliste ? — Trois journaux suffisaient à Paris, et
leurs colonnes n'étaient consacrées qu'aux bulletins de la cour, et
puis il est vrai, aux glorieux bulletins de nos armées triomphan-
tes dont les victoires brillaient peut-être d'un plus vif éclat que
celles de Lyon ou de la rue Transnonain. (Mouvement.)

Messieurs, si nous eussions éprouvé parfois quelqu'incertitude
dans notre marche, elle ne ferait que s'affermir chaque jour en
voyant l'impuissance de nos adversaires. Si nous nous trompons,
qu'ils nous montrent donc de meilleurs principes, une autre for-
mule, au lieu de s'occuper servilement à reconstituer un passé
impossible. Si leurs idées étaient meilleures et plus applicables
que les nôtres nous nous empresserions de les accueillir : mais
où sont-elles donc leurs idées, et que voulez-vous attendre de
ceux qui nous opposent « nos mœurs décrépites et notre carac-
« tère déguenillé ?..... » (1)

Grand Dieu ! que cette conviction est triste et décourageante !
comme elle pousserait au suicide toutes les âmes généreuses ! —
Si nous n'avions l'espoir et la certitude qu'un avenir meilleur va
succéder à ce présent qui ne vaut rien, mais qui donc pourrait
supporter l'existence ?

Eh bien ! quelque mauvaise que soit l'époque actuelle, il faut
que vous n'ayez pas lu l'histoire pour désespérer ainsi de l'humanité et pour nous contester qu'elle marche sans relâche dans
une voie de perfectionnement qui peut avoir ses inégalités mais
jamais de repos.

Je crois avoir répondu à toutes les objections de M. l'avocat-
général et n'en avoir laissé subsister aucune. J'ai encore à m'occuper brièvement de la question de presse et de la moralité de
la cause.

Messieurs les jurés,

On ne prend pas plaisir à comparaître devant un tribunal,
mais quand c'est un devoir on le remplit avec empressement. Il
n'y a que ce sentiment qui puisse soutenir et relever l'homme
dans la position d'accusé.

Vous et moi nous avons ici notre tâche que nous ne pouvons
refuser sans manquer à notre conscience.

Moi je dois tout vous dire, car le devoir me force de venir à
votre secours pour vous éviter le chagrin d'une condamnation
injuste. Vous, vous devez m'écouter avec le recueillement qu'exige de lui-même tout juge qui ne veut pas condamner un innocent, car un pareil jugement est lourd à la conscience.

Il y a, dans ce pays, un journal saintement et religieusement

(1) Expressions de l'avocat-général, dans sa réplique.

voué à la cause du progrès , à la cause de la paix et de la fraternité parmi les hommes. Ce journal exprime toujours sans détour la pensée qui l'anime.

Il ne se rit pas , comme beaucoup le croient, des choses véritablement dignes de vénération , mais il a quelquefois la voix rude quand il châtie. Il ne ménage pas ses amis quand ils se trompent ; il puise ses inspirations dans le peuple , qu'il aime et qui se trompe rarement. Il est sans pitié pour les hommes corrompus qui peuvent se dire de son parti, mais qui ne sauraient que le corrompre , si on leur ouvrait les bras.

Ce journal , on veut le tuer , pour que la cause du progrès n'ait plus d'organe en Auvergne. Ce journal , on veut le tuer , vous dis-je : je vais vous le prouver avec la franchise que je mets dans tout ce que je dis.

Quand le procès qui va se juger fut résolu , un fonctionnaire public , qui ne conserve pas toujours dans ses paroles la prudence d'un homme d'état, disait au Salon du Barreau de Clermont : « Le but qu'on se propose dans ce procès est de se débar-
» rasser du rédacteur , sans lequel il n'y aura plus de journal :
» nous verrons comment il le fera du fond du Mont-Saint-Michel
» ou de Clairvaux. »

Ce fonctionnaire qui s'exprimait ainsi , c'était M. Conchon , adjoint à la mairie de Clermont......

M. le président , interrompant : Prévenu , il n'est ni dans votre droit, ni dans les convenances d'attaquer un magistrat absent , et qui ne peut conséquemment vous répondre.

M. Trélat : Monsieur , les expressions que je viens de rapporter ont été proférées au Salon du Barreau , c'est-à-dire , dans un lieu public, et en présence de plusieurs témoins.

M. le président : Mais la personne dont vous parlez est absente.

M. Trélat : J'ai dit d'elle ce que j'avais à dire ; mais je vais parler d'une autre que je vois dans la salle. — Tout récemment, un fort jeune substitut du parquet de Clermont disait à plusieurs interlocuteurs : « Votre *Patriote*, qui nous incommode beaucoup,
» à quoi tient-il ? A une amende qui le ruinera , à un emprison-
» nement qui éloignera son rédacteur. »

M. le président : Mais vous parlez encore d'absens....

M. Trélat : Non , monsieur le président ; celui dont je parle m'entend et me voit en ce moment, je vous le garantis. (On rit.)

Le président : Ces faits sont étrangers à la cause.

M. Trélat , ouvrant un livre : Dans le procès de l'artillerie , M. le président Hardoin interrompait un accusé (c'était moi). M. l'avocat-général Miller prononça alors ces paroles : « Je crois
» que l'accusé a le droit de présenter tel ou tel système de dé-
» fense. »

M. Trélat continue. — Voilà comme ceux qui ont recueilli les fruits de la victoire du peuple , et dont plusieurs se sont proclamés pendant 15 ans les zélés défenseurs et les apôtres de la liberté de la presse la comprennent aujourd'hui : à vous de voir si vous voulez approuver et sanctionner une si lâche apostasie.

Ces messieurs me faisaient assurément beaucoup trop d'honneur : mon emprisonnement ne tuerait pas le *Patriote* , car il n'a pas ressenti la plus légère indisposition de la maladie grave qui vient de me retenir au lit, et de me mettre dans l'impossibilité de lui cons crer mes soins habituels pendant vingt-cinq jours. C'est une puérilité de penser qu'on puisse tuer les principes par les hommes : les principes ont maintenant assez pris racine en Auvergne pour que leur développement soit assuré. — Mais il importe que vous, messieurs les jurés, vous soyez les conservateurs de la morale publique et que vous ne subissiez pas de si misérables influences.

Si j'avais cru à des combinaisons depuis long-temps répandues dans le public, je ne serais pas venu devant vous. Après une longue maladie, ma santé encore mal assurée me donnait le droit de m'abstenir. On m'engageait à le faire, moi je me serais plutôt fait apporter ici que de repousser votre jugement, parce qu'il me semblait que je vous devais la réparation de tout ce qu'on s'est plu à dire contre vous. — Au reste la calomnie est souvent une arme à deux tranchans en de certaines mains. Elle ne m'a pas plus ménagé, moi qui vous parle, puisqu'hier on vous parlait de mes sentimens peu respectueux pour vous, pour vous jurés ! — Lisez donc mes écrits de tous les jours, et vous y verrez à chaque page la preuve de ma vénération pour le jury, qui est le jugement du pays par le pays. Le jury et la presse, voilà notre sauve-garde contre la déplorable invasion qui nous menace. — Si j'avais manqué à mon respect pour le jury, moi qui viens de vous exprimer tout-à-l'heure les sentimens que m'inspire cette grande et noble institution; mais je serais un hypocrite, messieurs les jurés : or, ce n'est pas là le reproche que me font mes adversaires.

Je n'ai pas voulu faire aux magistrats qui assistent à ces débats, et qui les dirigent, l'injure de croire qu'ils pussent venir ici, la passion dans le cœur.....

Et vous, jurés, on ne vous a pas dit d'avance : « Vous condamnerez l'accusé qui va comparaître devant vous, n'est-ce pas ? » Vous ne vous seriez pas laissé tenir un si indigne langage. Vous avez voulu savoir avant, si cet accusé mérite d'être loué ou condamné.....

Vous qui nous voyez souvent attaquer les prêtres actuels, vous dont quelques-uns restent en dehors du mouvement politique qui agite les esprits, vous nous regardez peut-être comme des gens sans religion. Qui sommes-nous donc, nous, journalistes ? je parle de ceux qui pensent et qui sentent ce qu'ils écrivent; qui sommes-nous donc ? nous qui ne faisons rien qu'avec chaleur et avec foi; nous qui attaquons vivement ce que nous jugeons mauvais, mais qui défendons de même ce que nous croyons bon et utile.... Messieurs, nous sommes gens qui avons de la religion dans le cœur, qui professons le culte du vrai, le culte du beau, le culte de la fraternité parmi les hommes; nous sommes les prêtres des temps modernes.

Au lieu de vouloir follement, stupidement recrépir des ruines, nous cherchons un appui solide pour le nouvel édifice social.

L'homme est flétri, nous voulons le relever.

A la majesté individuelle fondée sur le mépris des masses, nous voulons substituer la majesté humaine.

Nous l'avons déja dit, nous le répétons hautement, ceux qui se servent de leur intelligence pour tromper leurs semblables, ceux-la sont des hommes vils et méprisables.

Mais n'attaquez pas, ne poursuivez pas ; et vous, messieurs, gardez-vous de condamner ceux qui honorent trop l'instinct de vérité, la pensée qu'ils tiennent de Dieu pour l'abaisser, la profaner et la soumettre à leur bien être.

Il m'eût été matériellement plus commode de faire comme tant d'autres, et de vivre largement de l'œuvre de 1830, d'en tirer profit et bénéfice ; et puisque je vous dois ici toutes mes confidences, il faut que je vous dise à vous, mes juges, ce que je n'ai pas voulu faire l'honneur de répondre à ceux qui reprochent aux républicains leur ambition déçue.

Ceux qui disent cela sont des menteurs, car on nous a offert ; on nous a pressés et nous avons refusé. — Après 15 ans d'une direction invariable, après les épreuves accomplies, croyez-moi, il n'y a plus place au cœur pour une si chétive séduction.

Que celui qui me prouvera une contradiction dans ma vie, s'avance ; qu'il parle, et qu'il m'accuse. Mais vous (à l'accusateur), pourquoi donc me reprocher aujourd'hui ce qui m'a mérité vos éloges il y a moins de quatre ans ? Moi j'ai toujours suivi la même ligne. D'où vient que ceux qui nous contredisent maintenant se sont plusieurs fois trouvés avec nous ? N'en est-il pas parmi eux, là, tout près de ce siége du ministère public, qui appelaient, en 1821, Lafayette et Dupont de l'Eure, les grandes images de la patrie ? (1) Qui a changé ? eux ou nous ? — Eux.

Messieurs, ne partagez pas la lutte du gendarme contre la pensée, c'est une impiété. Voyez l'autre lutte, la lutte intellectuelle ; mais voyez-la ce qu'elle devrait être, si la violence ne la rendait orageuse ; et songez comme elle serait pacifique, comme elle mettrait la vérité en honneur, comme elle adoucirait les mœurs ! — Fox était un grand esprit, et Fox a dit : « Partout » où vous verrez la presse virulente, dites hardiment que le gou- » vernement est pitoyable. »

Si nous nous trompons, répondez-nous donc, mais autrement que par de la violence... Des cachots, du sang, toujours du sang ! La terre n'en a-t-elle pas été assez baignée, le jour de la paix ne viendra-t-il jamais ? La guerre et ses fureurs ont donc bien des attraits pour ceux qui tout en protestant de leur haine pour elle font tout ce qu'ils peuvent pour l'éterniser parmi nous !

Lisez les écrits de nos adversaires et les nôtres ; lisez, lisez sans passion. Chez eux vous ne trouverez que des doctrines impitoyables, du mépris de l'humanité, des appétits de sang et de vengeance ; chez nous des conseils de bienveillance, l'horreur de la peine de mort, l'horreur de toute force brutale, des vœux et des efforts pour que toutes les tendances soient satisfaites, pour que l'homme devienne ce que Dieu veut qu'il soit, c'est-à-dire bon, libre et heureux.

(1) Il ne s'agit ici que d'un très-mince avocat-général de la cour royale de Riom, ci-devant carbonaro-conspirateur, aujourd'hui chair de la chair, os des os de la doctrine. La citation n'a d'autre importance que la moralité qu'il faut en tirer.

Je défie qui que ce soit de me montrer, dans le *Patriote* une seule ligne qui ne tende au but de moralisation, de probité, d'honneur, de justice, vers lequel nous poussons la société. — Je m'engage à vous montrer des vœux de persécution et de sang, des maximes honteuses d'improbité, d'hypocrisie, de vénalité et d'apostasie, presqu'à chacune des pages de l'*Ami-de-la-Char-te*, auquel on ne fait pas de procès, du *Journal de Paris*, du *Journal des Débats*, auxquels on ne fait pas de procès, du *Courrier de Lyon* et de tous les autres organes ministériels qui jouissent de la même impunité.

Jurés, la justice et la vérité ne changent pas dans la nature. Les défenseurs de la justice et de la vérité seront-ils donc toujours persécutés ici bas, et quand donc l'homme commencera-t-il enfin à comprendre la nature ?

Il y a quelque chose de bien faux, assurément, à ce que, nous qui nous donnons tant de peine, qui travaillons avec tant d'ardeur à réveiller la probité au fond des cœurs, nous soyons traduits ici, nous soyons exposés à l'amende et à la prison.

Croyez-vous, là, de bon compte, la main sur la conscience, que ma place à moi, homme d'étude qui dis chaque jour aux hommes d'être francs et loyaux (car je ne suis pas ici pour faire parade d'une fausse modestie), qui les exhorte au travail, au courage, à l'esprit d'assistance et de coopération, croyez-vous que ma place soit à côté du voleur ?

Vous voyez bien que cela fait pitié et que la société est dans une voie fausse.

C'est pourtant ce que dit M. Persil ; mais vous voyez bien aussi, vous qui êtes des hommes honnêtes, que M. Persil se trompe, et que ma place n'est pas à côté du voleur !

Quand j'étais médecin, avec le salaire destiné aux besoins de ma famille, il y avait presque toujours une parole de gratitude pour mes nuits passées. Aujourd'hui encore je passe souvent mes nuits ,.... plus souvent qu'autrefois.... Pour qui ? pour quoi ?

Je ne suis pas robuste, cela me rend quelquefois malade, et ma santé est nécessaire à ma famille.

C'est qu'une foi vive m'anime et me brûle; c'est que, de même que je crois à la médecine, à l'humanité souffrante, à la possibilité de la soulager physiquement, je crois maintenant à ses souffrances morales, à leurs remèdes; je brûle de les faire cesser, car elles sont grandes. Mon but n'a fait que grandir ; mon âme s'ouvrir à des pensées plus élevées. Cela mérite-t-il l'amende, la prison et l'habitation des voleurs ? Tout-à-l'heure vous allez répondre.

Parmi ceux qui désirent ma condamnation, il en est bien peu qui ne soient convenus, au coin du feu, que nous sommes dans le vrai. — Celui qui parlait avec tant de cynisme d'envoyer le rédacteur au mont St-Michel pour tuer le journal, avait la bonté de convenir que ce rédacteur est un honnête homme ; il voulait bien lui reconnaître quelque talent....

Merci, Monsieur, je n'accepte pas les éloges de quiconque désire et cherche à préparer la condamnation d'un honnête homme. — Votre système est donc bien mauvais s'il a besoin de la condamnation des âmes honnêtes !

Messieurs les jurés, vous ne voulez pas rendre un jugement passionné. C'est faire de la passion et de la colère que d'obéir aux orages du moment.

Les journalistes de la restauration ont été emprisonnés : le peuple a délivré ceux qui se trouvaient là. On ne tarderait pas à dire que ceux-là se sont bien conduits, que vous auriez déclarés coupables. Ne vous exposez pas à voir casser vos jugemens par un pareil tribunal d'appel.

Sortez de cette politique étroite de colère et de vengeance pour vous élever à l'application des éternels principes de l'équité. Ce qui est vertu proclamez-le vertu, ce qui est crime dites-le crime ; mais toutes les fois qu'on vous défère un homme qui a publié la pensée qu'il a reçue de Dieu, soyez assez religieux pour respecter en lui ce qui lui vient d'en haut.

Suis-je donc bien à craindre de ceux qui ont la puissance, moi qui n'ai ni soldats, ni fusils, ni canons ; moi qui n'ai pas d'or à répandre, pas de police à mettre sur pied ?

Ma richesse, mon bien, c'est ma pensée, laissez-la moi, car au fond même d'une prison vous ne me l'ôterez pas, et vous lui prêterez peut-être une nouvelle force.

On ne se rend pas bien compte d'un acte politique au moment où il s'accomplit. Assurément, quand la cour des pairs a fait couler le sang du maréchal Ney, elle était loin de mesurer la portée de sa condamnation et de prévoir que cette tache ne s'effacerait pas ; quand Bellart et Marchangy et de Broë poursuivaient les écrivains de la restauration, ils ne prévoyaient pas ce que l'avenir réservait à leurs noms.

Loin de moi, la pensée de me comparer à tant de nobles victimes, mais c'est la moralité de l'acte qu'il faut voir et non l'importance individuelle de ceux qui y sont associés.

Soyez aussi jaloux de l'honneur de votre pays que vous l'êtes de votre propre honneur, et rappelez-vous ce que valut et ce que vaut encore de bénédictions à l'Auvergne l'acquittement des accusés de la conspiration de l'Est, dans un moment où les passions politiques étaient déchaînées de toutes parts. C'est la source des sentimens de vénération qui s'attachent au nom d'un des magistrats de cette cour. On veut tuer la presse, songez-y bien : or, la France se débat depuis un demi-siècle pour avoir la liberté de la pensée ; il y a là un progrès humanitaire à réaliser : rien ne peut l'empêcher, rien au monde.. les condamnations ne font qu'irriter la lutte sans la mettre à fin.

Si nous disons vrai, ne nous condamnez pas, vous feriez une mauvaise action. Si nous nous trompons, nous ne sommes pas à craindre, car il n'est donné qu'à la vérité d'avoir cours, et si nos principes se répandent, c'est qu'ils sont vrais, n'en doutez pas ; mais je ne saurais mieux vous exprimer cette pensée que ne l'a fait M. Thiers lui-même alors que le pouvoir ne l'avait pas enivré.

« La presse, a-t-il dit, peut être illimitée sans danger ; il n'y
» a que la vérité de redoutable ; le faux est impuissant : plus il
» exagère, plus il s'use. Il n'y a pas de gouvernement qui ait
» péri par le mensonge.

(Thiers, Histoire de la Révolution.)

Vous avez donc bien peur de la vérité que vous ne vouliez pas

nous laisser parler, nous qui n'avons que notre parole quand vous
avez vos arsenaux remplis et vos régimens sur pied de guerre !

Messieurs, interrogez-vous consciencieusement, tous tant
que vous êtes, et dites si vous êtes heureux et contens par le
temps qui court.

A ceux qui regrettent le passé, je demanderai si c'est là la France
du grand Charlemagne, de Louis XII, ou de Louis XIV, et il me
diront NON.

A ceux qui regrettent les gloires de l'empire, je demanderai
s'ils reconnaissent la France, qui commandait alors le respect à
tous les peuples, et ils me diront NON.

Aux hommes paisibles, qui ont cru trouver le repos sous la
royauté bourgeoise, je demanderai s'ils ont obtenu ce qu'ils
avaient droit d'attendre, et ils me diront NON.

Quant à nous républicains, notre réponse n'est pas douteuse.
C'est parce que le présent ne vaut rien, et ne peut rien valoir,
que nous appelons l'avenir.

Quelles que soient les différences de vos opinions, vous vous
accordez tous à gémir sur les malheurs du pays. — N'affectez
donc pas une joie et des sentimens que vous n'éprouvez pas.

Messieurs, s'il y a des légitimistes au milieu de vous, des légitimistes d'honneur et de conscience, je les respecte ; car nous
n'avons de mépris que pour les hommes qui ne croient à rien,
âmes de cire ou de boue, comme vous voudrez, qui se façonnent
à toutes les empreintes, pourvu qu'on les paye, qui se moulent
à tout, et dont la croyance est comme le cours de la bourse.
Ceux-là sont les seuls juges que je récuse.

Que tous ceux qui ont conservé leur conscience libre nous disent si l'âme de la France n'est pas flagellée et martyrisée par sa
fraction la plus corporelle et la plus grossière, et qu'ils jugent
si le moment est bien choisi pour ajouter les rigueurs judiciaires
aux affreuses violences qui déchirent le sein de notre malheureux
pays.

Laissez-nous notre pensée, ou bien jetez-vous aux genoux de
la Sainte-Alliance, qui faisait imprimer, il y a peu de jours, dans
son journal de Hambourg : « Rien ne sera fait tant qu'on n'aura
» pas muselé la presse et enlevé au jury les procès politiques. »

Tuez la presse, et vous tombez sous le plus hideux de tous les
despotismes, sous le despotisme d'un gouvernement militaire
sans gloire.

Tuez la presse, et vous n'avez plus aucun moyen de crier quand
on vous égorge.

Songez aux épouvantables massacres de Lyon et de la rue Transnonain : sans la presse, vous aurez les chambres ardentes et les
oubliettes. — Songez à ce qui vient de se passer au conseil muni-
cipal de Clermont ; songez à l'inconcevable arrêt de la cour des
pairs, qui prétend qu'une ville que rien n'a troublé, au vu et au su
de tout le monde, a été cinq jours en proie à la sédition et à
l'émeute, et dites, dites où nous en serions, sans le secours de
la presse.

C'est là notre seule garantie : sauvez-la donc, et ne vous laissez
pas détourner de vos devoirs, qui sont aussi élevés, aussi im-

muables que la justice, par les prétendues nécessités du moment
qu'ont invoquées toutes les tyrannies.

M. Persil a dit : « Il faut que les jurés soient des hommes po-
» litiques, que leurs arrêts soient politiques. »

Montesquieu a dit : « Les juges, dans quelque circonstance et
» pour quelque grand intérêt que ce puisse être, ne doivent ja-
» mais être que juges, sans parti et sans passion, comme les lois
» qui absolvent et punissent sans aimer ni haïr. »

Messieurs, c'est à vous de vous décider entre Montesquieu et
M. Persil.

Pardon, Montesquieu, pardon du rapprochement que je viens
de faire !

Jurés, j'ai fait mon devoir : détachez-vous des passions de la
terre et faites le vôtre !

L'audience est suspendue quelques instans.

M. le président demande au prévenu s'il a quelque chose à
ajouter à sa défense. Sur sa réponse négative, il déclare que les
débats sont clos, et en fait le résumé d'une manière qui a paru
beaucoup moins favorable à la défense qu'à l'accusation.

Quatre questions ont été posées à MM. les jurés, qui sont entrés
à quatre heures et demie dans la salle de leurs délibérations, et
n'y sont restés qu'à peine un quart-d'heure.

A leur retour, on fait sortir le prévenu, qui se rend dans la
chambre du conseil, et le chef du jury déclare d'une voix ferme :
« Sur mon honneur et sur ma conscience, non, l'accusé n'est
» pas coupable. »

Des applaudissemens universels et des cris : *Vive le jury !* ont
éclaté à l'instant même dans tout l'auditoire.

M. le président : Silence, messieurs, il ne doit y avoir ici ni
applaudissemens ni signes d'improbation. Croyez-vous que MM.
les jurés soient jaloux de vos marques d'approbation ?

M. Trélat rentre dans l'audience, le greffier répète la déclaration du jury, et de nouveaux applaudissemens et des cris :
Vive le jury ! continuent et se prolongent pendant que M. le
président déclare que le prévenu est renvoyé de la plainte, sans
frais ni dépens. — La foule s'écoule en exprimant hautement la
joie que lui inspire ce témoignage éclatant des progrès de la raison publique, et se presse long-temps autour de l'accusé et de sa
famille.

Le verdict du Jury a été rendu à l'unanimité.

————

(Se vend au profit des Ouvriers Lyonnais.)

www.ingramcontent.com/pod-product-compliance
Lightning Source LLC
Chambersburg PA
CBHW050546210326
41520CB00012B/2733